이번 주말의
도쿄

일러두기

- 가게 이름은 각 매장의 표기 방식을 따랐습니다.
- 구글 맵에 검색할 수 있는 영문명을 병기했습니다. 한국어로도 검색이 가능한 경우 영어 병기를 생략했습니다.

이번 주말의
도쿄

도쿄에 박키나

경험들

piper
press

이번 주말,
도쿄에서 뭐 하지?

주말 도쿄 여행

저희는 도쿄에 살면서 유튜브 채널을 운영하고 있는 한 일 부부입니다. 박씨(준서)는 한국인, 유키나는 일본인이에요. 평소엔 둘 다 각자 회사를 다니며 일하는 직장인이지만, 주말에는 도쿄와 도쿄 근교의 핫플을 찾아다니며 유튜브를 통해 소개하고, 한일 부부로서의 일상을 공유하고 있습니다.

둘 다 옷이나 인테리어, 맛집, 카페 등을 정말 좋아해요. 이와 관련된 좋은 곳들을 많은 사람들에게 알려주고, 같이 즐기고 싶어 유튜브를 시작하게 되었습니다. 그래야 좋아하는 곳들이 오래 유지되고, 다음에도 갈 수 있다고 생각하거든요.

저희 유튜브를 봐주시는 시청자분들 중에는 일본인도 많은데요, 이 분들에게도 많은 참고가 된다는 이야기를 자주 듣곤 해요. 덕분에 저희가 소개하는 정보들이 도움이 된다는 걸 느끼고, 재밌게 계속하고 있어요.

소중한 주말을 알차게

저희가 유튜브를 시작한 건 코로나 시기였는데요, 그때만 해도 입국 금지로 한국과 일본 모두 서로 해외 여행이 불가능했어요. 대리 만족으로라도 평소에 일본을 좋아하거나 해외 여행을 하고 싶었던 분들에게 좋은 장소를 소개하고 싶다는 생각이었습니다. 다행히도 현재는 입국 금지가 풀리고 자유롭게 오갈 수 있는 상황이 되어서, 저희의 추천이 더

많은 분들에게 조금이나마 도움이 되고 있는 것 같아 뿌듯해요.

사실 저희 둘 다 일을 하다 보니 평일엔 '핫플레이스'를 다닐 여유가 없어요. 평소에 가고 싶은 곳을 많이 메모해 놓고, 주말의 소중한 시간을 더 후회 없이 보내려 하는 이유입니다. 더 나은 데이트를 위해 좋은 장소들을 열심히 찾아다니기 시작했어요. 사진 찍는 것도 좋아하다 보니, 좋은 것을 보고, 먹고, 사진으로 남기는 게 정말 즐거웠어요.

여러분도 틀에 박힌 관광 안내 책에 나온 장소나 인스타그램 광고 등에 속지 않고, 현지인이 가보고 정말 좋았던 진짜 맛집, 핫플레이스를 가서 좋은 시간을 보내셨으면 좋겠습니다. 그런 마음으로 유튜브 채널도, 이 책도 만들고 있어요.

일본어를 못하시거나 길을 모르시더라도 요즘엔 구글 맵이 참 잘 되어 있어서 길 찾기 기능으로 잘 찾아가실 수 있을 거예요. 이 책에서 소개하는 장소들 이름은 한국어와 영어를 병기했습니다. 구글 맵에서 쉽게 검색하실 수 있어요.

여행지로서의 도쿄

도쿄는 여행지로서 여러 장점을 갖고 있다고 생각해요. 우선 교통이 편리합니다. 전철과 지하철, 버스 등이 잘 되어 있어서 어디든 접근하기가 용이해요. (택시비는 정말 비싸지만요.) 좋은 가게들도 대부분 역 근처에 있기 때문에 스마트폰에 구글 맵만 깔려 있다면 찾아가기도 쉬워요.

두 번째로, 깨끗해요. 가게 안은 물론, 거리도 너무나 깨끗해서 걸으면서 돌아보기에도 스트레스가 없습니다. '일본 감성'이라는 말도 있잖아요. 제가 생각하는 일본 감성은 한국에서는 볼 수 없는 일본 작은 골목의 분위기, 아이들의 귀여운 교복, 일하는 사람들이 입고 있는 유니폼, 맑고 깨끗한 하늘 등이에요. 마음이 편해지고 기분이 좋아지는 요소들입니다.

또, 서비스가 좋고 친절해요. 그런 면에서는 어느 나라보다도 앞서 있다고 생각합니다. (물론 가게에 따라 안 그런 곳도 있습니다만) 배려가 몸에 밴 문화라서 어딜 가더라도 대접받는 느낌을 받을 수 있어요. 외국 문화에 대해서도 개방적이다 보니 외국인에게도 관대한 편입니다. 외국인들이 친절하다고 느낄 만한 요소들이 정말 많아요.

네 번째로, 옛것과 현재가 공존하는 모습을 보고 즐길 수 있습니다. 도쿄뿐 아니라 일본은 옛것을 소중하게 여기는 문화가 있어요. 물건도 정말 오래 사용합니다. 빈티지로 유명한 나라이기도 하죠. 가게의 분위기도 오래된 듯한 곳이 많아요. 요즘 다시 떠오르는 레트로한 문화를 즐기기에 정말 좋습니다. 번화한 도쿄에도 곳곳에 옛날 분위기를 풍기는 가게들이 많으니, 마음껏 즐겨 보시길 바랍니다. 저희가 가볼 만한 곳을 추천해 드릴게요.

한편 최근의 도쿄는 새로운 장소도 많이 생기는 추세예요. 오래된 것뿐 아니라 새로운 문화들도 즐길 수 있어 더 매력적입니다.

도쿄 여행, 더 잘 즐기는 법

취향에 맞는 도쿄 여행을 위해서는 테마를 정하면 좋아요. '먹방', 쇼핑, 관광(온천이나 자연) 등 주제를 정하고 그것만 집중해서 즐기는 거죠. 한 번에 여러 가지를 하려다가 아쉬운 경험을 하신 분들도 있을 거라고 생각해요.

도쿄는 쇼핑과 음식의 천국이기 때문에 두 가지를 마음껏 즐기고 간다는 생각으로 계획을 잡는 걸 추천해요. 물론 일정을 길게 잡고 오신다면 여러 가지 테마를 나눠서 즐길수도 있겠죠. 도쿄 근교의 하코네 온천 여행이나 후지산 근처 관광, 캠핑, 스키 등의 아웃도어도 인기가 많아요.

여러 가지 테마를 즐긴다면 '오늘의 테마'를 정해서 다니시는 걸 추천해요. 쇼핑 안에서도 빈티지 의류 쇼핑, 인테리어 소품 쇼핑 등 다양한 테마가 있으니까요. 이 책에서도 각 지역에서 즐길 수 있는 테마를 소개해 드리겠습니다.

그 외의 팁이라면, '일본어가 안된다고 불안해하지 말고 그것 또한 즐기기!'입니다. 일본어가 필요할 때는 길을 찾을 때나 주문하는 상황 등일 텐데요, 생각보다 길은 구글 맵으로 얼마든지 찾아갈 수 있어요. 헷갈릴 때는 역무원이나 근처 사람들에게 물어보면 정말 친절하게 알려주곤 합니다. 가게에서도 점원들이 친절한 편이니 잘 주문할 수 있도록 기다려 주실 거예요. 번역기도 잘 활용하시면 좋습니다.

　　　　　　　　　　경험들 2 - 이번 주말의 도쿄

취향에 맞는 장소 직접 찾기

저희는 가고 싶은 곳을 찾을 때 60퍼센트 정도는 인스타그램, 나머지 40퍼센트는 구글 맵을 이용하고 있어요. 직접 가고 싶은 곳을 검색해 보고 싶은 분들을 위해, 팁을 살짝 알려 드릴게요.

인스타그램 해시태그 검색

해시태그로 #'일본어 지명+グルメ(구루메)'를 검색해요. 예를 들어 신주쿠의 맛집을 찾아보고 싶을 때는 #新宿グルメ를 검색하는 거죠. 신주쿠 같은 지명은 보통 한자(일본어)이기 때문에, 번역기를 통해 쉽게 검색하실 수 있을 거예요.

구글 맵 검색

구글 맵은 한국어로도 검색할 수 있어요. 먼저 가고 싶은 지역을 검색하고, 거기에서 카페, 우동 등 키워드를 검색하면 관련 있는 가게들이 쭉 나와요. 거기에서 평가 수, 평점을 보고 사진으로 최종 판단한 뒤에 가보는 거죠. 구글 맵 평점 4점 이상이면 믿을 만하다고 볼 수 있어요.

영업일이나 시간 등은 가기 전에 꼭 확인하는 게 좋아요. 저희도 휴무일 때문에 실패하는 일이 참 많았어요.

그럼, 저희와 함께 도쿄 여행을 시작해 볼까요?

목차

카페: 오래된 킷사와 스페셜티 커피

차테이 하토우 · 블루보틀 커피 시부야 · 어바웃 라이프 커피 브루어스

디시 · 라운드어바웃 · 에덴워크스 베드룸 · 헌치 · 밀레 친퀘첸토 ·
굿 타운 베이크하우스 · 패스 · 뉴포트 · 분단 커피 앤 비어

후민

편집숍: 패션에 진심인 사람들의 편집숍 총정리

유나이티드 애로우즈 하라주쿠본점 · 에이치 뷰티 앤 유스 · 레숍 ·
슈퍼 에이 마켓 · 에디션 오모테산도힐즈점 · 로쿠 · 자이레

카페: 휴식 그 이상

유니 · 카페 레 주 그르니에 · 린트 초콜릿 오모테산도

맛집: 한 그릇 요리와 분위기 좋은 카페

요고로 · 니쿠노모리 · 닐 · 바 베르크 ·
스트리머 커피 컴퍼니 하라주쿠 · 비틀

쇼핑: 스트리트 패션 브랜드와 독특한 숍

스투시 하라주쿠 챕터 · 휴먼메이드 & 블루보틀 · WITH ·
@코스메 도쿄 · no.501

CIBI · 커리 & 바 모쿠바자 · 타스야드 · pho321 ·
KIPPY'S COCO-CREAM · HOEK · 북마크

신주쿠:
새것과 옛것이 공존하는
도심 여행

경험들 2 - 이번 주말의 도쿄

신주쿠는 도쿄 교통의 중심지입니다. 도쿄의 수많은 지하철과 열차 노선 중 신주쿠역이 없는 노선이 없을 정도죠. 노선 11개가 신주쿠역을 지나가요. 신주쿠역은 기네스북에 세계에서 승객 수가 가장 많은 역으로 선정되기도 했어요. 정말 복잡하니 헤매지 않도록 주의하셔야 합니다.

신주쿠역은 크게 동쪽 출구^{히가시구치, 東口}와 서쪽 출구^{니시구치, 西口}, 남쪽 출구^{미나미구치, 南口}로 나뉘어 있어요. 소개하는 장소들은 출구 기준으로 위치를 설명해 드리겠습니다.

이렇게 교통이 좋은 만큼, 신주쿠는 호텔 잡기에도 좋은 지역이에요. 또, 도쿄 최고 번화가이기 때문에 맛집, 쇼핑, 볼거리를 한 번에 해결할 수 있습니다. 밤에 놀기 좋은 곳이기도 해요. 일본은 한국과 다르게 가게들이 일찍 문을 닫는 경우가 많은데요, 신주쿠는 술집, 클럽 등 밤 늦게까지 영업하는 곳이 많은 편이에요.

복잡하고 번화한 신주쿠에서는 맛있는 음식과 쇼핑을 특히 추천해요. 대형 쇼핑 센터가 모여 있어서 옷부터 기념품, 소품까지 다양한 종류를 한곳에서 쇼핑할 수 있어요. 쇼핑하다 조금 지쳤다면 오래된 카페에 가서 핸드드립 커피를 마시며 쉴 수 있습니다.

그 외에도 신주쿠에서는 신주쿠교엔(공원), 신오쿠보(한인타운) 등을 걸어서 갈 수 있으니, 취향에 따라 참고해 주세요.

① 신주쿠

텐키치야

텐키치동(앞), 우동 세트(뒤)

맛집 : 일식과 중식

(텐동) 텐키치야^{Tenkichiya}

텐키치야는 가성비도 좋고 맛있는 텐동집입니다. 신주쿠역에 내려 서쪽 출구로 나갑니다. 여기에서 7~8분 정도 걸으면 오피스 거리가 보여요. 이 가게는 오피스 거리의 '신주쿠 노무라 빌딩'에 위치해 있어요.

살짝 찾기 힘드실 수도 있는데요, 그냥 길거리에 있는 게 아니라 건물 내부의 지하 2층까지 내려오셔야 합니다. 한국의 쇼핑상가 내 음식점을 생각하시면 돼요. 가게 안은 생각보다 넓고 테이블 자리도 넉넉했어요.

가장 기본적인 텐동 메뉴인 '텐키치동'은 1450엔이에요. 텐동치고는 싼 편입니다. 텐동은 튀김 덮밥인데요, '텐마부시'라고 텐푸라(튀김) 정식처럼 튀김을 따로 먹는 스타일도 인기가 많다고 합니다. 텐마부시 가격은 1700엔이에요.

박씨는 제일 무난한 메뉴인 텐키치동을 주문했습니다. 여기 텐동에는 먹다가 중간에 물리지 말라고 유자가 들어있어요. 튀김 구성은 새우가 무려 4개, 오징어, 김, 계란, 야채 등이 듬뿍 들어있습니다.

텐동에 들어있는 계란 튀김은 익은 정도가 딱 좋았어요. 계란을 터뜨리면 노른자가 흘러내립니다. 텐동의 주인공은 새우 튀김이죠. 저희 둘 다 새우부터 맛있게 먹기 시작했습니다. 살이 아주 잘 올라 있더라고요. 여기 텐동엔 새우 두

즈이엔 별관

Mixed vegetable & egg wrapped in pancake

즈이엔 별관

카쿠니망(왼쪽), 물만두(오른쪽)

개가 하나의 튀김으로 붙어 있었어요.

텐동 소스는 부족하면 더 추가할 수 있게 테이블 위에 있으니 기호에 맞게 뿌려 드시면 됩니다. 함께 나오는 미소시루(된장국)도 깔끔한 맛이었어요. 무슨 미소를 쓰는지 물어보고 싶을 정도였답니다.

유키나는 우동 세트(1200엔)를 시켰어요. 소小자 텐동과 우동이 같이 나옵니다. 우동 세트의 텐동에는 야채 튀김과 김, 계란, 새우 2개가 들어있어요. 여성분들이 먹기 좋을 양입니다. 우동은 냉/온 우동 중에서 선택할 수 있습니다. 개인적으로는 차가운 우동을 추천해요.

이곳은 평일에 회사원들이 점심으로 자주 이용할 정도로 가성비가 좋아요. 텐동 중에선 정말 싸고, 맛있고, 양도 많았어요. 신주쿠 근방에선 유명한 곳이기도 합니다. 텐동은 여행오면 딱 한 번 정도 먹을 텐데요, 그 한 번에 여기를 추천해도 될 만큼 괜찮은 가게였어요.

중식 즈이엔 별관 Zuien Bekkan

신주쿠역 남쪽 출구 인근에 있는 중국 음식점입니다. 여기는 메뉴가 정말 많아요. 저희도 먹고 싶은 걸 사진으로 보여드리고 주문했답니다. 저희가 먹은 메뉴를 소개해 드릴게요.

계란이 올라간 야채 볶음을 얇은 밀전병에 싸먹는 메뉴가 있어요. 살짝 달콤한 춘장 소스도 같이 나옵니다. 밀전병

에 춘장을 바르고, 야채 볶음과 파를 올려 싸먹어요. 야채
볶음 안에는 면도 숨겨져 있었습니다. 밀전병이 얇으니 터
지지 않게 조심해서 드세요! 저희는 입에 다 묻히고 먹을 만
큼 맛있었어요. 가격은 1430엔이었습니다.

카쿠니망(850엔)도 주문했습니다. 꽃빵 안에 돼지고기
와 달짝지근한 소스, 땅콩가루 등이 들어있어요. 중국 스타
일의 고기 버거 같은 느낌입니다. 안에 들어있는 야채에 살
짝 향이 있어서 호불호가 갈릴 수도 있지만, 저희는 너무 만
족하며 맛있게 먹었어요.

물만두는 1인분 10개인데, 하프 사이즈로도 주문할 수
있었어요.(440엔) 역시 맛있었습니다.

쇼핑 : 없는 게 없는 곳

신주쿠에는 이세탄, 뉴만, 루미네 등 대형 쇼핑센터와
백화점이 모여 있어 쇼핑하기 좋아요. 이 세 곳에 가면 거의
뭐든 다 있습니다. 없는 게 없을 만큼 규모가 커요. 쇼핑하
러 갈 땐 동쪽 출구 쪽의 신주쿠3쵸메 역을 이용하시면 편
합니다.

백화점 이세탄 신주쿠점 ISETAN Shinjuku

이세탄 백화점은 일본 최대 백화점이라고도 불려요. 본

관과 맨즈관이 나눠져 있어서 꽤 넓습니다.

쇼핑몰 뉴우먼^{NEWoMan}

뉴우먼은 신주쿠역 남쪽 출구 근처에 있는 대형 쇼핑몰입니다. 유키나는 특히 뉴우먼을 좋아해서 자주 가요. 예전에 뉴우먼에서 일하기도 했습니다. 뉴우먼 내의 숍을 몇 가지 소개해 드릴게요.

1층에는 유키나가 추천하는 편집숍들이 다 모여 있어요. 슈퍼 에이 마켓^{Super a market}, 이자벨 마랑 에뚜왈^{Isabelle Marant étoile}, 카반^{CABaN} 등입니다. 슈퍼 에이 마켓은 오모테산도에도 매장이 있어서, 오모테산도 편에서 더 자세히 설명하겠습니다.

그 외의 숍도 몇 가지 추천해 드릴게요.

향제품 아포테케 프레그런스^{APFR}

일본의 향기 브랜드입니다. 디퓨저, 캔들, 인센스 등을 판매해요.

쌀 아코메야^{AKOMEYA}

쌀은 물론, 쌀과 관련된 식품과 주방 용품을 판매하는 숍이에요. 아코메야는 '쌀 가게'라는 뜻입니다. 이름에 걸맞게 일본 각지의 쌀을 원하는 대로 정미해서 판매해요. 밥상을 위한 식재료와 그릇, 액세서리 등도 있습니다.

카페 블루보틀 커피 신주쿠 Blue Bottle Coffee Shinjuku

좌석은 적지만 블루보틀도 있어요. 언제나 북적이는 곳입니다. 신주쿠는 의외로 좋은 카페가 별로 없어서, 어디 갈지 고민될 때는 블루보틀에 오곤 해요. 저희는 따뜻한 카페라테(572엔)와 와플(500엔)을 주문해서 먹어 봤어요. 블루보틀의 카페라테는 언제 먹어도 맛있죠.

와플은 스타벅스의 아메리칸 와플을 가장 좋아했는데, 이걸 먹는 순간 순위가 역전됐어요! 와플은 매장에 따라 팔지 않는 곳도 있으니 참고해 주세요.

최근에 일본에는 블루보틀 자판기도 생겼습니다. 캔 커피 하나에 600엔 정도 한다고 해요. 발견하시면 한번 드셔 보세요.

빵 조엘 로부숑 Joël Robuchon

유키나가 자주 가는 빵집입니다. 유키나는 여기 크루아상(270엔)이 지금까지 먹어본 것 중에 가장 맛있다고 해요. 뉴우먼에서 일할 때, 이 크루아상을 너무 좋아해서 한동안 거의 매일 먹을 정도였어요.

포카치아(160엔)도 진짜 맛있어요. 개인적으로 세상에서 제일 맛있습니다. 현재로서는요!

편집숍 빔스 재팬 BEAMS JAPAN

빔스 재팬은 뉴우먼 근처에 있습니다. 여기는 보통 빔

스 매장이랑은 살짝 다르게 '일본'을 테마로 패션, 먹거리, 아트 등을 집약해 놓았어요. '일본스러운' 아이템이 많은 숍이라, 여행 기념품이나 선물을 사기에 정말 좋으니 꼭 들러 보세요.

카페: 빈티지 vs 모던

(킷사) **람브루** L'ambre

정말 오래된 킷사(옛날 다방)입니다. 1950년대부터 있었던 가게로, 내부 인테리어도 오랜 역사와 전통을 그대로 간직하고 있어요. 빨간 벽돌과 붉은 나무색 계단이 레트로한 분위기입니다.

음악도 클래식해서 다른 카페 분위기와는 색다르게 커피를 즐길 수 있는 곳이에요. 위치는 빔즈 재팬 바로 앞입니다. 저희가 갔을 때는 두 팀 정도 웨이팅이 있었어요. 메뉴는 커피와 케이크가 메인이고, 세트(1100엔)로도 시킬 수 있어요.

저희는 딸기 쇼트케이크를 하나 시켜서 둘이 나눠 먹었어요. 케이크 종류는 애플파이, 뉴욕 치즈케이크, 레어 치즈케이크, 몽블랑, 갸또 쇼콜라, 아몬드밀크 케이크 등이 있어요. 비엔나 커피(650엔)도 주문했습니다.

여러분은 어떤 케이크를 좋아하시나요? 일본의 옛날 찻

람브루

버브 커피

집들은 이렇게 케이크 종류를 같이 파는 경우가 많아요. 좋아하는 케이크와 커피를 같이 즐길 수 있죠.

예쁜 카페들은 한국에도 많으니, 도쿄에 오시면 이런 옛날 느낌의 킷사에서 커피를 즐겨 보시는 걸 추천해요. 도쿄에는 숨어 있는 킷사들이 정말 많아요! 앞으로도 여러 곳 소개해 드리겠습니다.

카페 버브 커피 VERVE COFFEE Shinjuku

뉴우먼 2층에 위치한 스페셜티 커피를 판매하는 카페입니다. 직원분이 눈앞에서 직접 커피를 내려 주세요. 여기는 와플도 정말 맛있어요. 저희는 아이스 커피(600엔), 카페라테(550엔), 초코칩 쿠키(380엔)를 주문했습니다.

카페 바로 앞에는 자유롭게 마실 수 있는 테라스가 있어요. 자리도 의외로 많아서, 날씨 좋은 날이면 여기가 숨은 명소랍니다. 이 근처는 복잡한 신주쿠답지 않고 여유로워요. 테라스에서 신주쿠역도 한눈에 보입니다.

시부야 쇼핑:

대형 몰부터 편집숍까지

도쿄 하면 가장 먼저 떠오르는 이미지는 스크램블 교차로가 아닐까요? 여러분도 한 번쯤은 사진이나 영상으로 보셨을 거예요. 스크램블 교차로가 있는 곳이 바로 시부야역 앞입니다. 시부야역 주변은 관광, 쇼핑 명소가 풍부해요.

시부야는 근처 명소인 하라주쿠, 오모테산도, 요요기 등의 중간 지점에 위치하고 있습니다. 신주쿠와 마찬가지로, 다양한 전철 노선이 있어 접근성이 좋아요. 그만큼 유동 인구도 많아 일본에서 사람이 가장 많은 곳이라고도 합니다. 특히 젊은 세대가 많이 모이는 지역이에요.

이 책에서 다소 생소한 지역을 소개할 때면 '시부야역에서 몇분' 이라고 표현했는데요, 그만큼 인지도도 있고 뭐든 다 있는 곳입니다.

시부야는 미술관이나 라이브 하우스, 클럽이 모여 있는 예술과 음악의 거리이기도 해요. 맛집과 카페, 숍도 정말 많으니 테마를 나눠서 즐기는 것을 추천합니다. 먼저 쇼핑 테마를 소개할게요. 편집숍과 쇼핑몰, 쇼핑몰 내 맛집을 다룹니다. 역에서 가까운 곳부터 시작합니다.

대형 쇼핑몰: 일본의 인기 브랜드

(쇼핑몰) 시부야 스크램블 스퀘어 Shibuya Scramble Squre

역과 바로 연결되어 있는 쇼핑몰이에요. 유명한 스크램

블 교차로 바로 앞에 있습니다. 여기 꼭대기층에는 스타벅스와 탈리즈 커피라는 커피 체인점이 있습니다. 둘 다 약속 시간 전에 시간을 때우거나, 쇼핑하다가 쉬기 좋은 곳입니다. 탈리즈 커피는 비교적 커피가 싸고, 다른 지점보다 넓고 조용해서 좋았어요.

과자 에쉬레 파티세리 Échiré Pâtisserie

궁금했던 과자 가게입니다. 프랑스 버터 브랜드 에쉬레에서 운영하는 곳이에요. 가게 안에는 과자를 굽는 달콤한 향이 엄청 풍겨요. 저희는 오후 5시 정도에 갔는데, 이미 품절된 메뉴도 몇 개 있었습니다. 시그니처 메뉴는 휘낭시에와 마들렌이에요.

맛은 좋지만, 개인적으로 긴자에 있는 누아 드 뵈르noix de beurre라는 과자점이 살짝 더 취향이었어요. 그래도 이곳 마들렌과 휘낭시에는 간식으로 딱 좋으니 근처에 가셨을 때 한번 들러 보는 것도 추천합니다.

굿즈 디즈니스토어 시부야점 Disney Store Shibuya

시부야역 A12 출구에서 나와 조금만 걸으면 있는 디즈니 스토어입니다. 디즈니랜드 갈 시간이 없는데 굿즈는 사고 싶다면 여기 오시는 걸 추천해요. 내부를 구경하는 것도 재미있고, 다양한 디즈니 굿즈를 많이 판매합니다.

쇼핑 무지 시부야 MUJI Shibuya

시부야에 있는 초대형 무지 매장이에요. 지하 1층~지상 5층까지가 다 무지 매장이고, 식사도 가능한 엄청 큰 무지 카페도 있습니다. 매장에는 기본적인 무지의 제품군들이 있고, 지하 1층에는 식품 코너가 있어요.

식품 코너에선 카레가 정말 인기가 많습니다. 먹고 싶은 과자를 조금씩 넣어서 무게대로 구입할 수 있는 코너도 있어요. 1그램당 4엔으로, 무게를 잰 후 영수증을 뽑아서 봉투에 붙이는 방식입니다. 저희는 무지 카페에서 식사도 해봤어요.

식당 카페 카페&밀 무지 Cafe&Meal MUJI

2층에 있고, 식사, 디저트, 드링크 메뉴를 판매해요. 식사 메뉴는 먹고 싶은 반찬을 말하면 뷔페처럼 접시에 올려주고 계산하는 방식이에요.

디저트도 종류가 많고 맛있어 보여요. 드링크 메뉴도 많아서 카페만으로 이용해도 좋을 것 같네요. 커피가 280엔으로 엄청 저렴합니다.

저희는 메인 요리 하나와 반찬 세 가지를 고를 수 있는 세트(1100엔)를 주문했어요. 유키나는 무지 카페 식사 메뉴를 좋아해서 종종 와서 먹어요. 메인 요리는 스위트 칠리 치킨을 추천합니다. 함께 나오는 된장국과 밥은 무한 리필이라고 해요.

반찬은 전부 다 몸에 좋아 보이는 것만 있습니다. 반찬 중에는 호박 샐러드가 맛있어요. 건강한데 맛도 있으니 꼭 먹어 보세요. 그 외에 저희가 먹은 반찬은 톳과 케일이 들어간 샐러드, 닭의 간과 곤약이 들어간 머스타드 마요네즈 소스 샐러드였어요.

닭 간이 들어간 샐러드는 가장 인기가 많은 반찬이라고 합니다. 간이라 비릴 줄 알았는데 담백하고 맛있었어요.

쇼핑몰 시부야 파르코 Shibuya PARCO

언덕을 살짝 올라가면 있는 쇼핑몰입니다. 코로나 직전인 2019년도 겨울에 크게 리뉴얼해서 아직 못 가본 분들도 많을 거 같습니다. 내부의 숍 몇 개를 소개해 드릴게요.

파르코엔 귀여운 제품들이 많은 걸로 유명한 의류 브랜드 휴먼메이드가 있어요. 6층은 닌텐도, 포켓몬 등의 캐릭터 굿즈가 메인인 층이었습니다. 게임이나 캐릭터를 좋아하는 일본의 오타쿠 문화는 정말 놀라워요. 포켓몬 숍도 있었는데, 어른들도 포켓몬은 정말 다들 좋아하더라고요. 캐릭터를 좋아하는 분들에겐 천국일 것 같습니다. 요즘 인기가 많은 케이스티파이도 있어요.

잡화 푸에브코 시부야 파르코점 PUEBCO SHIBUYA PARCO

푸에브코는 일본의 리빙 브랜드입니다. 이 숍에는 유니크한 생활잡화가 많았어요. 테이블 린넨, 의자, 화장실 발

카페&밀 무지

푸에브코 시부야 파르코점

경험들 2 - 이번 주말의 도쿄

매트 등 리빙 용품들을 구경했습니다. 고릴라 얼굴 모양으로 독특하게 생긴 슬리퍼도 있었고요.

점원분도 엄청 친절하시고, 좋은 가게였어요. 산겐자야에도 점포가 있어서 저희는 그 지점도 가보려고 합니다.

(텐푸라) 하카타 텐푸라 타카오 Hakata Tempura Takao

파르코에 괜찮은 텐푸라집이 있어서 여기에서 같이 소개해 드려요. 쇼핑몰을 둘러보다가 배고플 때쯤 여기서 식사를 해도 좋겠죠? 메뉴는 텐푸라 정식, 텐동 등이 있어요. 좋아하는 토핑도 추가할 수 있고, 명란은 무한리필이었어요.

주문하면 튀김을 바로 튀겨서 바에 올려 줘요. 1200엔으로는 보이지 않는 고급 정식 느낌입니다. 개인적으로는 와사비 소금을 찍어 먹는 게 맛있었어요.

(쇼핑몰) 미야시타 파크 Miyashita Park

시부야역 앞에 있는 요즘 핫한 쇼핑몰입니다. 2020년 생긴 곳이에요. 옥상에 공원이 있는 게 특징이에요. 옥상 공원에서 카페, 호텔과 연결됩니다.

쇼핑몰 내에는 '레숍 L'ECHOPPE' 이라는 남성복 매장, 라이프스타일 아이템 숍 등이 있습니다. 레숍은 일본에서 꽤 유명한 브랜드예요. 미니멀에 일본 감성이 들어간 남성 의류점이라고 생각하시면 됩니다.

미야시타 파크엔 그 외에도 루이비통, 구찌, 발렌시아가

하카타 텐푸라 타카오
고기텐푸라 정식

밸리 파크 스탠드

등 럭셔리 브랜드 매장과 키스^{KITH}, 앤드원더^{and wander} 등 스트릿 브랜드 매장도 여럿 입점해 있어요.

(카페) 밸리 파크 스탠드 VALLEY PARK STAND

옥상 공원 안쪽에 위치한 호텔 1층에 있는 카페에 들렀어요. 식사 가능한 메뉴도 있었습니다. 저희는 간단히 커피와 케이크를 먹으며 쉬어 갔어요. 가격은 당근 케이크 660엔, 카페라테 500엔, 아메리카노 440엔이었습니다.

편집숍: 매력적인 브랜드를 한곳에서

대형 쇼핑몰 외에, 시부야에서 만날 수 있는 다른 가게들도 소개해 드릴게요.

(편집숍) 투모로우랜드 시부야 본점

미야시타 파크 바로 옆에 있어요. 편집숍이면서 자체 브랜드 제품도 판매하는 곳입니다. 남성, 여성 옷이 다 있고, 캐주얼에서 포멀한 정장 스타일까지 다양한 스타일을 선보여요. 아크네 스튜디오^{Acne Studio}, 드리스 반 노튼^{Dries Van Noten}, 바이레도^{BYREDO} 등 하이엔드 브랜드들도 많이 들어와 있습니다.

(가구) **저널 스탠다드 퍼니처**Journal Standard Furniture

파르코 바로 근처에 있는 가구점입니다. 개인적으로 좋아하는 인테리어 숍이에요. 저널 스탠다드 퍼니처와 아크메 퍼니처ACME Furniture의 가구를 판매하는 곳입니다. 패션 편집 숍으로 잘 알려진 '베이크루즈'가 운영해요.

멋진 모로칸 러그도 있고, 앞서 소개했던 아포테케 프레그런스, 저희가 좋아하는 헤어밤 제품을 만드는 브랜드 '링크Linc'의 제품들도 들어와 있네요. (이 브랜드는 히비야 편에서 더 자세히 소개해 드릴게요.)

(안경) **글로브 스펙스**Globe Specs

다음 편에서 소개할 블루보틀 시부야 카페 바로 옆에 있는 안경 가게입니다. 일본부터 여러 해외 브랜드의 안경을 취급하는 곳이에요. 안경에 관심 있는 분들께 강력 추천합니다.

시부야 맛집:
세 끼 모두 맛있게

브라스리 비론 시부야

경험들 2 - 이번 주말의 도쿄

시부야는 맛집 테마 여행도 가능한 곳입니다. 정말 다양한 종류의 음식을 파는 가게들이 있어요. 이번 편에서는 시부야의 맛집과 카페를 소개할게요.

맛집: 내 취향 하나는 있을 리스트

맛있는 빵으로 조식을 먹을 수 있는 카페, 라멘과 일본식 정식 메뉴, 야키토리 등 일식은 물론 파스타집, 수제 맥주집, 오래된 카페와 최근에 생긴 블루보틀까지 준비했습니다. 취향에 따라 골라 가실 수 있을 거예요. 아침에 먹기 좋은 메뉴부터 시간 순서대로 소개합니다.

〔빵〕 브라스리 비론 시부야Brasserie Viron Shibuya

아침을 먹을 수 있는 빵집입니다. 시부야역에서 5분 정도 걸으면 있어요. 조식 메뉴는 11시까지 들어가야 먹을 수 있습니다. 저희는 주말 10시 20분쯤 도착했는데, 대기가 있어서 거의 마지막으로 들어갈 수 있었어요.

매장으로 들어가면 1층에는 테이크아웃용 빵들이 늘어서 있고, 아침부터 사람이 엄청 많았습니다. 조식은 1600엔이에요. 빵과 잼, 커피나 홍차가 나옵니다. 음료는 무한 리필이었어요.

조식을 주문하니 8종류나 되는 잼이 등장했어요. 이렇

게 여러 종류의 잼으로 빵을 먹는 아침은 또 처음이었네요. 잼은 1개에 2000엔 정도로 1층에서 구매할 수 있었어요.

먼저 기본으로 바게트, 호밀빵 등의 하드브레드가 나오고, 점원분이 가져와 주시는 빵 중에 좋아하는 걸 고를 수 있어요. 유키나는 브리오슈, 박씨는 크루아상을 골랐습니다.

바게트를 먹어보니 겉은 바삭, 속은 쫄깃했어요. 브리오슈는 달콤한 설탕과 버터 향 덕에 너무 맛있었어요. 쌉싸름한 커피와 조합이 최고입니다. 크루아상은 보통 크루아상보다 살짝 큼지막하고 부드러운 식감이었어요. 호텔에서 나와서 살짝 사치스러운 브런치를 먹고 싶을 때 추천합니다.

라멘 토나리 Tonari

그럼, 이제 점심을 먹을 만한 곳들을 살펴볼까요? 먼저 라멘집입니다. 굴이 들어간 라멘이 유명합니다. 바 자리만 있는 작은 가게예요. 바에 앉아서 라멘이 만들어지는 과정을 볼 수 있어요. 라멘 만드는 모습은 항상 보는 것만으로도 즐겁죠.

저희는 카키라멘(굴 라멘, 1200엔)을 주문했어요. 라멘 중에서는 특이하게 굴이 들어간 쇼유(간장) 베이스 국물이었어요. 작고 소중한 만두와 부드러운 닭고기가 들어가 있어요. 국물부터 한입 먹어봤는데, 와…. 정말 맛있었어요. 시치미도 뿌려서 계속 맛있게 먹었습니다.

같이 간 친구가 오오모리(면 두 배) 쿠폰이 있어서 썼는데, 남자한테는 딱 맞는 양이었어요. 간장 라멘 중에서는 살짝 짠 편이지만 굴의 깊은 맛이 있고 닭고기가 부드러워서 정말 맛있게 먹었답니다.

파스타 홈즈 파스타 Homes Pasta

이름대로 집에서 만든 느낌의 가정식 파스타를 먹을 수 있는 가게입니다. 시부야역 A2출구에서 가까운 건물 3층에 위치해 있어요. 1988년에 창업해 지금까지 영업하고 있어요.

저희가 갔을 때는 주말이었는데, 웨이팅이 길게 서있었어요. 앞에 10팀이 있었고, 30분 정도 기다렸네요. 이 가게의 시그니처 메뉴는 '절망 zetsubou'이라는 미트 소스 파스타라고 해요.

절망 파스타는 1350엔이었어요. 이름이 살짝 무섭긴 하지만 맛있어 보여요. 파스타 자체에도 치즈가 들어가 있지만, 함께 나온 치즈 파우더를 추가해서 먹어 봤습니다. 흔한 미트 소스 파스타와는 달리 살짝 국물이 많고 깔끔한 맛이었어요.

마늘과 토마토, 고추 파스타는 1200엔이었어요. 매운 걸 좋아해서 시킨 메뉴예요. 좋아하는 것만 다 들어가 있네요. 여기에도 치즈를 조금 뿌려서 먹어 줬어요.

이곳 파스타는 다 국물이 많아서 떠먹는 재미가 있었어요. 간이 강한 걸 좋아하시는 분들은 조금 싱겁다고 느낄 수 있을 만큼 맛은 부드러운 편이에요. 시부야에서 색다른 파

토나리
카키라멘

홈즈 파스타
앞쪽에 있는 파스타가 '절망', 뒤쪽에 있는
파스타가 '마늘과 토마토, 고추 파스타'

48   **경험들 2** - 이번 주말의 도쿄

스타를 즐겨 보고 싶은 분께 추천합니다.

🍚 아코메야 식당AKOMEYA Shokudo

역 바로 앞에 위치한 도큐플라자 시부야에도 맛집이 있어요. 아코메야는 신주쿠 편에서 소개했듯이 쌀 전문점인데요, 시부야에 무려 아코메야의 식당이 있어요.

메뉴는 엄선된 쌀로 지어진 밥이 나오는 정식, 덮밥 등입니다. 전부 다 장인의 고집이 들어간 식재료를 사용해 만든다고 해요. 유키나는 네기토로돈부리(1500엔)를 좋아하는데, 저희가 갔을 때는 품절이었어요. 대신 다른 메뉴를 먹었습니다.

도나베 고항 고젠(1900엔)은 뚝배기 밥이 나오는 정식입니다. 밥알이 반짝반짝 빛나요. 밥만 먹어도 맛있을 것 같은 비주얼입니다. 정식에는 돈지루(돼지고기가 들어간 된장국)가 같이 나와요. 메인 메뉴를 고를 수 있는데, 생선과 고기 중 고기를 골랐어요.

돼지고기 찜이 들어간 시구레니동(1400엔)은 매콤달콤한 돼지고기에 반숙계란의 조합이 좋았습니다. 유부가 들어간 된장국이 같이 나오는데, 정식에 나온 엄청 큰 돈지루가 더 맛있었어요.

오랜만에 쌀밥만 먹어도 맛있었던 식사였습니다. 계산대 옆에 음식에 사용되는 쌀의 종류가 써 있었어요. 쌀 종류는 매월 바뀐다고 합니다.

아코메야 식당

도나베 고향 고젠(왼쪽), 시구레니동(오른쪽)

경험들 2 - 이번 주말의 도쿄

가게 안에서는 쌀과 선물 세트, 주방용품도 판매하고 있었어요. 저희는 여기 방문했을 때 한국 가는 일정을 앞두고 있어서 선물을 구매했어요. 세워 둘 수 있는 주걱이 있는데, 밥이 잘 안 붙어서 박씨의 어머니가 좋아하시는 제품이라 구매했습니다.

그 외에도 밥을 냉동해 둘 때 쓰는 소분 케이스, 샐러드 드레싱이나 소스, 밥에 뿌려 먹는 후리카케, 김 등 물건이 많으니 구경해 보셔도 재밌을 거예요. 쌀을 구매했더니, 포장도 쌀 포장지를 써서 귀엽게 해줬습니다. 선물용으로 추천해요.

스프 스프 스톡 도쿄 Soup Stock Tokyo

시부야 마크 시티 내에 있는 스프 전문점입니다. 다른 곳에도 지점이 여럿 있어요. 일본인들, 특히 여성분들이 좋아하는 곳이에요.

저희는 냉동으로 판매하는 테이크아웃 제품을 사와서 집에서 데워 먹곤 한답니다. 요일 메뉴로도 여러 가지가 있으니, 궁금하신 분들은 여기에서 좋아하는 스프를 찾아보세요.

야키토리 토리타케 Toritake

점심부터 먹을 수 있는 야키토리의 '끝판왕' 집입니다. 1963년에 창업한 가게예요. 1층에서는 항상 숯불로 꼬치를 굽고 있습니다. 2층에는 테이블 자리도 있어요.

토리타케

야키토리와 생맥주

오슬로 브루잉

먼저 생맥주와 오토오시(기본 안주)가 도착했어요. 맥주가 500밀리터보다는 살짝 큰 잔에 나오네요. 야키토리 세트는 2200엔이었습니다. 6가지 종류가 같이 나와서 주문하기 편했어요. 소금맛과 소스맛을 고를 수 있는데, 저희는 무조건 소금파입니다!

6종 중 츠쿠네(닭 완자)만 소스 맛으로 했어요. 츠쿠네는 너무 부드럽지 않고 고기 씹는 맛이 일품이었습니다. 맥주가 꿀꺽꿀꺽 넘어가는 맛이었어요.

야키토리는 접시에 같이 나오는 와사비를 곁들여 드세요. 와사비랑 같이 먹으니 더 맛있었습니다. 야키토리를 여럿이 드실 때는 꼬치를 수직으로 바닥에 세운 다음, 젓가락을 써서 밑으로 빼주면 먹기 편해요.

피망과 파 꼬치도 주문했어요. 심플한 메뉴지만 숯불에 잘 구워진 피망 맛이 최고였고, 파도 냄새 없이 단맛이 좋았습니다.

뼈째로 구워져 나오는 큼지막한 모모야키(넓적다리살, 800엔)도 주문했습니다. 레몬이 같이 나와요. 이거 하나만 먹어도 배가 부를 것 같은 크기인데, 육즙이 풍부하고 제일 맛있었어요. 이게 800엔이라니 가성비가 정말 좋다고 생각했습니다.

참고로 테이크아웃 메뉴로는 야키토리도 있지만, 야키토리 벤또(도시락, 1026엔)도 있었어요. 시부야에 올 때마다 먹고 싶은 야키토리집이었습니다. 이렇게 먹고 둘이 4000

차테이 하토우

블루보틀 커피 시부야

경험들 2 - 이번 주말의 도쿄

엔 정도 나왔어요. 가격이 정말 저렴해요.

(수제맥주) 오슬로 브루잉ØL by Oslo Brewing Co.

시부야 역에서 파르코 쪽을 지나 더 가면 있는 수제맥주
전문점입니다. 20여종의 다양한 맥주를 팔아요. 낮부터 열
어서 일찍부터 맥주를 즐길 수 있어요.

저희가 마신 브라운 에일은 1800엔, 페일 에일은 1200
엔이었어요. 한잔 가격 맞습니다. 조금 비싸죠? 컵 크기에
따라 가격이 다른데, 작은 건 1000엔 정도였어요. 맥주는 과
일 맛이 강하고 맛있었습니다. 그리고 가게 분위기가 정말
좋았어요.

카페: 오래된 킷사와 스페셜티 커피

시부야에서 커피가 마시고 싶을 때 갈 만한 카페도 세
곳 추천해 드릴게요.

(킷사) 차테이 하토우

1988년부터 영업 중인 킷사로, 아직도 많은 사람들이 찾
아오는 곳이에요. 옛날 느낌의 카페입니다. 오레그랏세는
950엔, 아이스 커피는 850엔, 홍차 시폰케이크는 500엔이
었습니다.

어바웃 라이프 커피 브루어스

오레그랏세는 달달한 우유 위에 드립 커피를 올려서 층이 생기게 만든 음료예요. 와인잔처럼 생긴 유리잔에 나옵니다. 시폰케이크는 메이플, 녹차, 바나나, 흑당, 시나몬, 오렌지 등 다양한 맛이 있었어요. 메이플, 홍차 맛이 인기가 많다고 해서 홍차 맛으로 주문했습니다.

(카페) 블루보틀 커피 시부야Blue Bottle Coffee Shibuya

2021년 4월에 생긴 블루보틀입니다. 역에서 도보로 10분 정도 거리예요. 주말 런치 타임에 갔는데도 의외로 붐비지 않아 좋았어요.

저희는 식사도 같이 하러 갔어요. 식사 메뉴는 번호표를 받고 테이블 위에 놓으면 가져다줍니다. 브런치 플레이트는 935엔, 콜드브루는 550엔이었어요.

디저트는 어느 지점에서나 먹을 수 있지만, 이 브런치 플레이트는 시부야 한정 판매라고 합니다. 브런치를 먹어보고 싶은 분이라면 와보셔도 좋을 거예요. 이 지점은 다른 블루보틀보다 자리도 많고, 디자인에 많이 신경을 쓴 거 같았어요. 블루보틀답게 커피 맛도 최고였고요.

(카페) 어바웃 라이프 커피 브루어스
ABOUT LIFE COFFEE BREWERS

도쿄에서 커피로 유명한 오니버스 커피ONIBUS COFFEE에서 운영하는 카페예요. 저희는 2022년 여름에 방문했는데, 생긴지 얼마 안 되어서인지 웨이팅이 꽤 있었어요. 인테리어는 그린 타일이 눈에 띄었고, 매장 안에는 여성 고객들이 대부분이었습니다.

　메뉴는 의외로 단순하게 에스프레소, 아메리카노, 카페라테, 오늘의 커피, 드립 커피, 콜드 브루 정도였어요. 라테는 취향에 따라 두유나 오트 밀크로 변경 가능했습니다. 아메리카노 레귤러 사이즈는 460엔, 카페라테 싱글 레귤러 사이즈는 480엔이었어요.

4

요요기우에하라, 요요기하치만:
힙한 가게 투어

요요기우에하라, 요요기하치만은 시부야와 신주쿠의 중간 지점에 있는 지역이에요. 근처에 요요기 공원이 있습니다.

한국에서 유명한 카페 '푸글렌^{Fuglen}'이 있는 지역이기도 하죠. 이 동네에는 멋진 음식점이나 잡화점이 많아, 센스가 좋은 세련된 사람이 사는 곳이라는 이미지가 있습니다.

신주쿠나 시부야, 긴자처럼 화려하지는 않지만, 일본 감성이 가득하고 좋은 가게가 많은 곳이에요. 빈티지 숍과 멋진 인테리어의 식물 숍, 내추럴 와인 바 등 자신만의 색깔을 가진 가게가 숨어 있어요.

파이 디시^{dish}

미트파이가 유명한 곳입니다. 요요기우에하라역 남쪽 출구에서 가까워요. 저희는 주말 런치타임에 갔는데도 오래 줄 서지 않고 바로 들어갔어요. 메인 요리인 파이류는 고기, 야채 등의 5종류가 있어요. 저희는 미트 파이를 먹었습니다.

미트파이(1760엔)는 18세기 런던의 전통 스타일로 만든 다고 해요. 안쪽을 열어보니 엄청난 양의 육즙이 나왔어요. 같이 나오는 매시드포테이토도 곁들여서 먹었습니다. 파슬리 향이 강해서 호불호가 갈릴 수도 있는 맛이었어요. 하지만 다른 곳에선 잘 먹어볼 수 없는 맛이니, 궁금하다면 가보시는 걸 추천해 드릴게요.

그 외에 파스타와 라자냐 메뉴도 있었어요. 저희는 야채 라자냐(1100엔)를 시켰습니다. 맛이 없을 수 없는 비주얼이죠? 그릴로 구운 야채와의 라자냐 조합이 너무 좋았어요. 고구마가 있어서 달콤한 맛까지 났습니다.

각 메인 메뉴에는 세트로 샐러드가 나오는데, 양도 꽤 많고 맛있었어요. 메뉴에 따라 샐러드에 들어가는 재료가 조금씩 달랐습니다. 요리가 나오기까지는 15분 정도 걸려서, 저희는 그동안 샐러드를 아껴 먹고 있었어요. 음료를 1인 1개 주문해야 하는 방식이니 참고해 주세요.

저희는 먹은 메뉴 중에 라자냐가 가장 맛있었어요. 여기 오면 라자냐는 꼭 드시길 추천합니다!

(잡화) **라운드어바웃**roundabout

밥을 먹었으니 이제 숍을 구경해 볼까요? 이곳은 생활용품을 메인으로 다루고 있는 잡화점이에요. 전체적으로 옛날 느낌이 나는 분위기였어요.

이런 곳에 오면 항상 뭔가 사고 싶죠. 일본 브랜드의 그릇, 옷이나 가방 등까지 종류가 다양해서 볼거리가 많았어요. 요요기 근처에는 정말 좋은 가게가 많은데, 그중 하나였습니다.

(식물) **에덴워크스 베드룸**edenworks bedroom

이번엔 식물 숍입니다. 보고만 있어도 행복해지는 화려한 꽃들이 있어요. 저희는 일단 가게 인테리어에 감동했어요. 화병도 팔고, 관엽식물들도 있습니다. 식물들이 다 귀

디시

미트파이(왼쪽), 야채 라자냐(오른쪽)

에덴워크스 베드룸

여웠어요. 저희는 아스파라거스과의 식물을 샀고, 가격은 5000엔이었어요.

여행 중인 분들이라도 꽃이나 화병 등 인테리어 소품에 관심이 있다면 들러 구경해 보시면 좋을 것 같아요.

(빈티지 패션) (위스키) 헌치 Hunch

조금 독특한 가게입니다. 스코틀랜드에서 가져온 위스키와 빈티지 의류를 같이 판매해요.

일반 집을 개조해서 매장으로 꾸몄는데, 1층에는 스코틀랜드산 위스키를 마실 수 있는 바가 있고, 원래 옥상이었던 곳을 개조한 2층에는 빈티지 의류가 있어요. 사장님 취향이 확실하시고 인테리어가 매우 독특해서 인상적인 곳이었습니다.

이곳 외에도 요요기 근처에는 빈티지 의류 숍이 많이 숨겨져 있어요. 주변을 산책하면서 맘에 드는 가게를 찾아 보셔도 좋아요. 저희는 알버트칸 Albert Khan, 아유헝그리 Are You Hungry? 등의 빈티지 숍이 좋았습니다.

(카페) 밀레 친퀘첸토 mille cinquecento

옷 쇼핑을 하다 조금 지쳤다면 디저트와 커피를 먹으며 잠시 쉬어 가는 것도 좋겠죠? 이곳은 저희도 주변을 지나가다 예뻐 보여서 들어간 카페였어요. 이탈리아 과자, 술, 커피를 즐길 수 있었습니다.

헌치

케이크 종류가 많아서 고민하다가 피스타치오 케이크(650엔)를 주문했어요. 커피와 음식이 맛있고, 앤틱한 분위기가 좋았던 가게였습니다.

(피자) 굿 타운 베이크하우스GOOD TOWN BAKEHOUSE

저녁으로 먹어도 좋은 피자 가게예요. 역에서 도보 1분 거리에 있어요. 미국 분위기가 물씬 납니다. 저희는 트러플 포테이토 프라이(600엔), 데빌즈 살라미 피자(1900엔)를 주문했어요.

살라미 피자엔 살라미, 고추, 벌꿀, 모짜렐라치즈 등이 들어가 있었어요. 의외로 크기가 커서 양은 둘이서 한판으로 충분했습니다. 보통 피자집과는 다르게 맛이 독특해서 미국에 온 느낌이었어요. 평일에는 가격이 저렴한 런치 메뉴도 있었으니 여행 중 점심에 들르신다면 참고해 주세요.

(프렌치) 패스PATH

내추럴 와인, 맥주 등을 곁들여 마실 수 있는 프렌치 식당이에요. 오전과 낮에는 브런치도 판매합니다. 브런치 메뉴도 인기가 많은 곳이에요. 요요기하치만 근처에는 예쁘고 맛있는 곳이 정말 많은데, 그중 하나입니다.

저희는 저녁에 갔는데, 배가 많이 고프지 않아서 가볍게 먹었습니다. 디너는 1인당 약 4000엔부터의 가격대에요. 올리브(660엔), 로스트비프 샐러드(2420엔), 교토 양조 맥주

패스

분단 커피 앤 비어

경험들 2 - 이번 주말의 도쿄

(880엔), 스페인 맥주(880엔)를 주문했어요. 음식도 맛있었고, 맥주도 과일향이 정말 강하고 맛있었어요.

내추럴 와인 뉴포트 Newport

여러 종류의 내추럴 와인을 마실 수 있는 내추럴 와인 바입니다. 요요기 근처에서는 내추럴 와인 바가 인기를 끌고 있어요.

글라스 와인 종류가 여러 가지 있는데, 가격은 900~1400 엔대예요. 글라스로 시켜도 병을 가져다줘서 사진을 찍거나 라벨 디자인을 확인하기 좋아요. 저희는 레드, 화이트 등 원하는 종류를 말하고 점원분에게 와인을 추천받았어요.

마르게리따 피자(1500엔)도 함께 먹었는데, 무슨 토마토 소스를 쓰는지 물어보고 싶을 만큼 맛있었어요. 얇고 쫄깃한 도우가 와인이랑 잘 어울렸습니다.

카페 분단 커피 앤 비어 BUNDAN Coffee&Beer

이곳은 요요기하치만, 우에하라 역과는 조금 떨어져 있지만 그 근처의 좋은 카페라 소개해 드려요. 코마바 공원 안에 있는 일본근대문학관 건물에 위치한 카페입니다. 공원 입장료는 없으니 편하게 들어올 수 있어요.

테라스석 분위기가 정말 좋아요. 지붕이 있는 형태라서 비가 와도 테라스석에 앉을 수 있습니다. 저희가 갔을 땐 한 팀이 웨이팅 중이어서 조금 기다렸다가 들어갔어요.

이곳의 음료와 식사, 디저트 메뉴에는 문학과 관련된 콘셉트가 적용돼 있어요. 작가가 즐겨 마시던 커피의 맛을 재현한 커피 등이 있습니다.

테라야마 커피(800엔)는 일본인이 처음 마신 커피 맛을 재현한 음료였어요. 에티오피아 원두입니다. 아쿠타가와 커피(800엔)는 유명한 작가인 아쿠타가와 류노스케가 자주 다니던 커피집의 맛을 재현한 커피로, 브라질 원두를 사용했다고 해요. 커피 두 가지 모두 맛있었습니다. 스콘(750엔)도 주문했는데, 아이스크림이 같이 나왔어요.

이 곳은 무엇보다 분위기가 정말 조용하고 좋았어요. 비가 오는 날 갔는데, 그래서 더 좋았던 것 같아요. 저희가 추천하는 테라스석은 3자리밖에 없어서 타이밍을 잘 맞춰야 할 수도 있어요. 안쪽 자리도 좋은데, 책장 가득 책이 쌓여 있는 옛날 다방 느낌의 장소입니다.

5

오모테산도:
잘 먹으면서 편집숍 쇼핑

후민

경험들 2 - 이번 주말의 도쿄

오모테산도는 패션을 사랑하는 사람들이 모여드는 곳입니다. 명품 브랜드 숍이 모여 있는 곳이기도 해요. 하라주쿠와도 가까워서 패션을 깊이 좋아하시는 분들이 항상 찾는 곳이며, 유명인이 많이 발견되는 장소로도 유명합니다.

일본의 유명 브랜드나 명품 브랜드의 플래그십 스토어는 오모테산도 내의 아오야마 지역에 위치한 경우가 많아요. 그러다 보니 오모테산도는 일본 내에서도 땅값이 제일 비싼 걸로 알려져 있어요.

겨울이면 하라주쿠와 오모테산도를 잇는 거리에 일루미네이션(조명 장식)이 설치되기 때문에, 크리스마스 분위기를 마음껏 즐길 수 있습니다.

브랜드 숍과 편집숍이 많은 오모테산도에서는 쇼핑을 즐기시면 좋아요. 저희가 자주 가는 쇼핑 코스를 총정리했습니다. 물론, 맛집도 많으니 쇼핑 중간중간 식사하면서 여행해 봐요.

(중식) **후민**Fumin

쇼핑 전에, 배부터 채우고 시작해 볼까요? 이 식당은 오모테산도역에서 도보 5분 거리의 빌딩 지하에 있어요. 중국식 만두와 볶음밥, 라멘 등을 파는 식당입니다.

저희가 갔을 때는 기다리는 사람이 엄청 많았어요. 딱 점심 시간에 가서 웨이팅이 좀 길었지만, 회전율은 좋은 편입니다. 20분 정도 기다려서 가게 안으로 들어갔어요.

점심에는 런치 메뉴가 있는데, 매일 다른 메뉴를 원래 가격보다 저렴하게 팔아요. 할인되는 런치 메뉴 외에 그냥 메뉴도 상시 주문할 수 있습니다. 저희는 네기완탕, 카니차항(게살볶음밥), 후민 소바를 주문했어요.

네기완탕은 파가 올라간 물만두예요. 여기 오면 제발 드셔 주세요! 그만큼 맛있었습니다.

게살볶음밥은 이전에 와서 먹었을 때도 맛있어서 다시 주문했어요. 이번에도 역시 숟가락을 멈출 수 없더라고요. 같이 나오는 미소 된장국에도 게가 들어가 있었습니다. 후민 소바는 얇은 면을 쓴 담백하고 깔끔한 쇼유(간장) 베이스의 라멘이에요.

저희는 이렇게 세 가지 메뉴를 빛의 속도로 비워 버렸네요. 세 가지 음식의 조합도 좋았어요. 여러분도 꼭 가보셨으면 하는 가게입니다.

편집숍: 패션에 진심인 사람들의 편집숍 총정리

하라주쿠와 오모테산도에는 편집숍이 많은데요, 저희가 오모테산도 근처에서 쇼핑을 하는 곳은 항상 정해져 있어요. 저희가 고른 편집숍을 소개해 드리겠습니다.

(편집숍) **유나이티드 애로우즈 하라주쿠본점**
UNITED ARROWS HARAJUKU

다양한 하이엔드 브랜드들이 예쁘게 전개되어 있는 편집숍입니다. 자체 브랜드도 가지고 있어요. 하라주쿠 본점은 지하1층부터 3층까지 있는 꽤 큰 건물입니다.

여기에서는 여성복, 남성복을 모두 볼 수 있어요. 2층에는 우먼즈 숍이, 1층에는 남성복 매장인 '유나이티드 애로우즈 앤 선즈'가 있습니다. 이곳도 편집숍이고, 하라주쿠점의 직원들이 디자인한 자체 브랜드도 선보이고 있습니다.

저희 친구가 일하는 매장이기도 해서, 옷을 좋아하는 유키나와 저는 자주 와서 구경하고 구매도 합니다. 하라주쿠 본점에 오시면 이 친구가 친절하게 안내해 줄 겁니다!

저희는 세실리에 반센, 드리스 반 노튼 등의 옷을 입어 봤어요. 이 숍을 여러 번 갔지만, 특히 결혼을 준비할 때 여기에서 옷을 구매했어요. 유키나는 세실리에 반센의 톱과 스커트를, 박씨는 맞춤 정장을 구입했습니다.

(편집숍) **에이치 뷰티 앤 유스** H beauty and youth

이곳도 애로우즈의 계열사인데요, 연령층, 장르에 관계없이 다양한 브랜드의 옷을 만나볼 수 있어요. 자체 브랜드도 선보이고 있습니다. 로쿠ROKU, 스티븐 알란Steven Alan, 오라리AURALEE, 노스페이스 퍼플 라벨THE NORTH FACE PURPLE LABEL, 하이크HYKE 등 다양한 브랜드 옷이 입점해 있습니다.

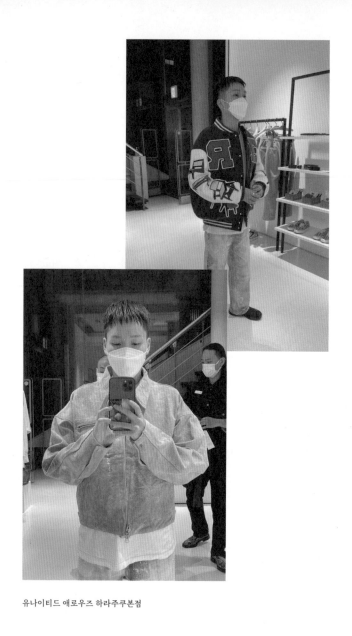

유나이티드 애로우즈 하라주쿠본점

경험들 2 - 이번 주말의 도쿄

(편집숍) 레숍 L'ECHOPPE

에이치 뷰티 앤 유스 바로 옆이고, 남자들에게 인기가 많은 편집숍이에요. 유나이티드 애로우즈나 에이치 뷰티 앤 유스보다 규모는 작지만, 일본의 남성복 브랜드가 잘 큐레이션되어 있습니다. 자체 브랜드도 운영하고 있어요.

(편집숍) 슈퍼 에이 마켓 SUPER A MARKET

유키나가 가장 좋아하는 숍입니다. 아크네 스튜디오, 아에타 Aeta, 보디 BODE, 세실리에 반센, 드리스 반 노튼, 후미카 우치다, 마르니 MARNI, 라프 시몬스 RAF SIMONS 등의 브랜드를 만날 수 있어요. 가격대는 비싸지만 멋있고 예쁜 아이템들이 많아서 눈요기만으로도 좋습니다.

(편집숍) 에디션 오모테산도힐즈점 Edition Omotesando Hills store

남성복, 여성복을 모두 만날 수 있는 편집숍입니다.

(여성복) 로쿠 ROKU

최근 젊은 층에게 인기를 끌고 있는 일본의 여성복 브랜드입니다. 오모테산도에 매장이 있어요.

(쇼핑몰) 자이레 GYRE

오모테산도에 위치한 복합 쇼핑몰입니다. 샤넬, 꼼데가르송, 메종 마르지엘라 등 명품 브랜드는 물론 HAY 도쿄, 모마 디자인 스토어 등의 라이프스타일 숍도 입점해 있어요.

특히 이 쇼핑몰의 4층에는 매력적인 매장이 많은데 이 근처의 다른 쇼핑몰에 비해 잘 알려지지 않은 느낌이라 추천하는 곳이에요.

그 외에도 오모테산도에는 패션에 관심 있는 분들이 좋아하시는 르메르, COS 등의 매장도 있으니 참고해 주세요.

카페: 휴식 그 이상

쇼핑을 하다 조금 지쳤다면, 커피와 디저트를 먹으며 잠시 쉬어 가요. 우선 자이레 4층에 있는 카페를 살펴볼까요? 자이레 4층엔 레스토랑도 있으니 어디 갈지 고민된다면 여기에서 골라도 좋아요.

(카페) **유니**uni

저희는 여기에서 커피를 마시면서 쉬어 갔어요. 따뜻한 카페라테(630엔), 따뜻한 커피(550엔)를 마셨습니다.

내부에는 계단 모양의 자리와 테이블, 바 자리가 있는데요, 저희가 앉았던 계단 자리는 사실 그냥 땅바닥에 앉는 것 같은 느낌이 들었어요. 데이트를 하시는 분들은 테이블이나 바 자리를 추천 드립니다.

카페 레 주 그르니에 Cafe les jeux grenier

쇼핑몰을 나와 조금 더 걸으실 수 있다면, 이 카페도 추천해요. 1976년에 오픈한 킷사텐입니다. 연예인, 모델 등도 자주 온다는 곳이에요. 오모테산도 역에서 도보 3분 정도 걸립니다. 조금 찾기 어려우실 수도 있는데, 2층에 카페가 있어요.

저희는 오모테산도에서 카페를 가면 블루보틀이나 이 카페를 자주 찾습니다. 여기선 오레그랏세를 마시는 걸 추천합니다. 오레그랏세는 달콤한 우유 위에 드립 커피를 부어 층을 만든 커피예요.

저희는 그 외에도 블렌드 커피(600엔), 쟈또 쇼콜라(500엔), 비엔나 커피(750엔)를 먹어봤어요.

커피가 담겨 나오는 컵들도 레트로하고 귀엽죠? 쟈또 쇼콜라도 너무 끈적이지 않고 가볍게 먹기 좋았어요. 케익과 커피맛도 좋지만, 무엇보다 분위기가 너무 좋으니 꼭 가보시는 걸 추천합니다.

린트 초콜릿 오모테산도
Lindt Chocolat Boutique & Cafe Omotesando Flagship

이곳은 유키나가 애정하는 초콜릿 가게예요. 역사가 긴 스위스 초콜릿 브랜드 린트가 2021년 6월에 오픈한 새로운 콘셉트의 숍이라고 합니다.

여기서는 자기가 좋아하는 맛의 초콜릿을 양에 맞게 살

카페 레 주 그르니에

수 있어요. 종류가 엄청 많았습니다. 저희는 할로윈 시즌에 가서, 할로윈 한정 제품과 다른 맛들을 섞어 구매했어요. 가격은 개별 포장된 초콜릿 1개에 100엔 정도라서 살짝 비싸지만, 진짜 맛있어요. 초콜릿을 좋아하시는 분들은 한번 들러 보세요.

6

하라주쿠:
아기자기한 맛집과 카페

하라주쿠는 도쿄에서도 젊은 층이 많이 모이는 지역입니다. 도쿄 여행 하면 많이 떠올리시는 지역이기도 하죠. 개성 있는 숍과 맛집, 카페가 모여 있는데, 거리마다 분위기가 달라져서 재미있습니다.

코스프레 등 한국인이 볼 때 특이한 복장이나 개성 있는 사람들을 구경할 수 있어요. 빈티지 숍도 많고, 조금은 특별한 아이템들을 만나볼 수 있습니다.

하라주쿠는 오모테산도에서도 걸어서 갈 수 있고, 기타산도라는 지역과도 가까워요. 하라주쿠 내에서도 여러 방면의 골목에 위치한 가게들을 소개해 드리니, 천천히 둘러보시면서 취향에 맞는 곳을 찾으셨으면 좋겠습니다. 맛집과 카페에 쇼핑을 곁들이면서 둘러 보시길 추천해요.

맛집 : 한 그릇 요리와 분위기 좋은 카페

(카레) **요고로 YOGORO**

먼저, 점심을 먹고 출발해 볼까요? 저희는 하라주쿠에서 인생 카레집을 발견했어요! 시금치 카레가 제일 맛있는 곳입니다. 7~8팀 정도가 앉을 수 있는 비교적 작은 가게예요.

점심으로 카레를 맛있게 먹기 위해 아침부터 배를 비워놓고 출발했습니다. 우선, 메이지진구마에 역에서 내려 메이지도오리로 걸어갑니다.

카레집 방향으로 가다 보면 나오는 길이 하라주쿠 뒷골목이에요. 이 거리에는 여러 장르의 빈티지 숍이 모여 있고, 편집숍으로 유명한 빔즈의 레코드 숍도 있습니다. 레코드와 함께 이어폰, 스피커 등도 같이 판매하는 가게예요. 카레를 먹으러 가는 길에 한번 들러 보시는 것도 추천합니다.

역에서 10분 정도 걸으니 카레집에 도착했어요. 저희가 갔을 땐 오후 1시 즈음이었는데, 주말 기준으로 10팀 정도 웨이팅이 있었어요. 그래도 여기 카레집은 제가 먹어본 곳 중 '톱 3' 안에 들어가는 곳이니 기다려 봅니다.

카레 베이스는 토마토와 시금치 중 선택할 수 있고, 토핑에 따라 가격이 달라집니다. 치킨(1000엔), 돼지고기(1350엔) 토핑이 있어요. 시금치 카레에 치킨 토핑이 올라간 메뉴가 특히 유명합니다. 그 외에 키마카레(1000엔), 치즈&에그 카레(토마토/시금치 선택 가능, 1000엔)도 있어요.

돼지고기 카레는 하루 5명 한정이라서 저희가 갔을 땐 이미 품절이었어요. 돼지고기 카레를 드실 분은 아침부터 기다려야 드실 수 있을 것 같습니다. 저희는 시금치 치킨 카레에 반숙 계란을 추가해 주문했습니다.

드디어 기다리던 카레가 나왔네요. 샐러드도 같이 나오는데, 1000엔으로 이정도 양이면 가성비가 정말 좋은 것 같습니다. 밥은 강황 밥이었고, 향이 진하게 났어요. 주문할 때 말하면 무료로 두 배 양(오오모리)이 가능하니, 드실 분들은 잊지 말고 주문해 주세요. 저희는 주문할 때 까먹어서

요고로

니쿠노모리

경험들 2 - 이번 주말의 도쿄

후회했답니다.

카레 위에는 두꺼운 그릴 치킨이 올라가 있는데, 철판 접시에 나와서 뜨끈뜨끈한 채로 먹을 수 있습니다. 베이스 카레도 맛있고, 구운 치킨이 바삭바삭하고 정말 맛있어요. 시금치 카레를 처음 먹었을 때 이전까지 먹어본 적 없는 맛이라 놀랐습니다. 하라주쿠에 오시면 꼭 드셔 보세요.

햄버그 니쿠노모리 Nikunomori

점심에 먹을 만한 또 다른 맛집을 추천해 드려요. 여기는 햄버그스테이크 맛집입니다. 인기가 많은 곳이라 웨이팅에 먼저 이름을 적고, 올 수 있는 시간을 알려 주시는 시스템이에요. 근처 가게들을 구경하면서 기다리기를 추천합니다.

가게 안은 카운터석 여덟 자리가 전부예요. 햄버그는 소금, 데미그라스, 비프스튜 등의 종류가 있어요. 한 사람당 고기 2개를 먹을 수 있는데, 좋아하는 맛 조합의 세트를 고르면 됩니다.

햄버그가 나오기 전, 한입 사이즈의 콩소메 수프가 나와요. 반찬으로 소 힘줄 찜과 야채 참깨 초무침도 나옵니다. 그리고 밥 위에 올라간 햄버그가 나왔어요. 보통은 미디엄 레어 정도로 나오는데 더 익히고 싶으면 주문할 때 말하면 된다고 합니다.

저희는 고기를 소금으로만 먹는 걸 좋아해서 둘 다 소금

닐

세트로 시켰지만, 데미그라스 소스나 치즈가 올라간 세트도 있습니다. 여기 햄버그는 굵게 간 고기라서 부드럽다기보다는 스테이크 같은 느낌이었어요. 육즙이 가득하고, 스테이크와 햄버그스테이크의 중간 같아요.

처음엔 양이 부족한가 싶었지만, 햄버그도 밥도 두 그릇 나오기 때문에 배가 엄청 불렀어요. 점심으로 만족스러운 식사였습니다.

카페 닐^{neel}

밥을 먹었으니, 카페로 가볼까요? 앞서 소개한 '요고로' 바로 근처에 있는 곳입니다. 배 그림이 그려진 간판이 귀여워요. 여기도 인기가 많아서 잠깐 기다렸다가 들어갔어요.

카페는 3층 건물인데, 저희는 2층 자리에 배정받았어요. 분위기가 너무 좋았습니다. 살짝 레트로한 감성에 식물들이 많은 인테리어였어요. 일본에서는 모던한 카페보다 옛날 느낌의 레트로한 카페들이 더 좋더라고요.

메뉴 중에는 샌드위치도 유명한 곳이에요. 특히 돈가스가 들어간 가츠산도가 인기 메뉴라고 하네요. 방금 밥을 먹었지만, 샌드위치도 먹어볼까 잠깐 고민했습니다.

저희는 흑당 카페오레(680엔), 콜드브루(540엔)를 시켰어요. 귀여운 컵에 나옵니다. 흑당 카페오레는 컵 아래쪽에 흑당 시럽이 깔려 있는데 너무 달콤하고 맛있었어요.

샌드위치 대신 치즈케이크(600엔)를 주문했는데, 아래쪽에 깔린 오레오 쿠키와 치즈 부분의 조합이 최고였어요. 치즈 부분은 두부처럼 부드러운 식감입니다.

나오면서 3층을 둘러보니 분위기가 더 좋더라고요. 딱 저희 취향이었어요. 이 카페는 하라주쿠, 시부야 어디에서도 걸어서 10분 정도의 거리이니 꼭 들러 보세요!

(카페)(바) **바 베르크** Bar werk

카페와 바를 같이 하는 곳입니다. 노란 간판이 눈에 띄어요. 계단을 내려가면 지하 1층에 위치하고 있습니다.

입구도 귀여운 노란 문으로 되어 있네요. 안쪽은 카운터석만 있고, 10자리 정도가 있는 작은 가게입니다. 혼자 온 사람들도 많았고, 부담스럽지 않게 들어갈 수 있는 분위기였어요.

저희가 간 날은 커피가 품절이어서 홍차를 주문했어요. 마스터가 눈 앞에서 정성스럽게 차를 내려 주십니다. (따뜻한 차 600엔)

마시기 전부터 홍차의 좋은 향기가 풍겨요. 와인을 주문하는 사람도 많았는데, 그날의 추천 와인을 내어 주신다고 합니다. 저도 언젠가 혼자 바에 들러 보고 싶어요. 안주로 먹을 수 있는 단품 메뉴도 인기가 있다고 하니, 다음에는 와인과 함께 시켜 보기로 했습니다.

카페 ## 스트리머 커피 컴퍼니 하라주쿠
STREAMER COFFEE COMPANY HARAJUKU

또 다른 카페를 소개해 드릴게요. '스트리머 커피' 하라주쿠점입니다. 저희는 근처에서 일하는 친구에게 줄 선물을 사러 들렀어요.

스트리머 커피는 카페라테가 맛있기로 유명해요. 도쿄 내에 10개 정도의 점포가 있으니 한번 꼭 마셔 보세요. 맛있어 보이는 쿠키와 빵도 있어서, 저희는 친구 선물로 몇 개를 골랐습니다. 친구를 만나서 잠깐 인사하고, 다음 장소로 가 볼게요.

이자카야 ## 비틀BEETLE

오랜만에 밖에서 한잔하려고 이자카야에 왔어요. '비틀'이라는 이름답게, 조명에도 딱정벌레가 그려져 있네요. 하라주쿠엔 의외로 이자카야가 별로 없는데, 가격도 싸고 부담 없이 갈 수 있어서 추천하는 곳입니다. 맛도 좋아요.

내부엔 카운터와 테이블 자리가 있고, 은근히 넓어서 금방 들어갈 수 있어요. 술 종류는 맥주와 하이볼, 사와나 칵테일, 사케 등이 있습니다. 여러 종류의 술을 즐길 수 있어서 질리지 않고 마실 수 있어요. 안주들도 거의 400엔 전후의 가격이라 여러 가지를 맛보기 좋아요.

여기 안주는 감자샐러드와 고등어 소금구이가 맛있어요. 저희는 생맥주를 시켜서 함께 먹었습니다. 감자샐러드

바 베르크

비틀

경험들 2 - 이번 주말의 도쿄

(360엔)는 포테이토 칩과 함께 나와요. 고등어 구이(420엔)는 지글지글 바로 구워져 나옵니다. 기름기도 적당히 있고, 가격에 비해 맛있어요.

피망&미소(270엔)라는 메뉴도 주문했는데, 말 그대로 피망에 미소(된장) 소스가 나와요. 맛은 그냥 재료 그대로의 맛이었습니다. 안주 한 접시마다 양이 많은 건 아니지만, 가끔은 이렇게 간단한 안주로 가볍게 한잔하는 것도 좋았어요. 근처에서 맥주가 생각나시면 들러 보세요.

쇼핑: 스트리트 패션 브랜드와 독특한 숍

하라주쿠는 쇼핑 거리로도 유명해요. 다케시타도리는 하라주쿠의 메인 거리입니다. 저희는 밥 먹기 전에 시간이 남아서 산책해 봤어요. 젊음의 거리답게 어린 친구들이 많습니다. 유키나는 어렸을 때가 생각난다며 산책했답니다. 하라주쿠에서 저희가 쇼핑하러 가는 곳들을 소개해 드릴게요.

패션 스투시 하라주쿠 챕터 STUSSY Harajuku Chapter
스트리트 패션 브랜드 스투시의 하라주쿠 매장인데, 규모가 꽤 큰 편이에요. 유키나는 마음에 드는 옷을 입어 봤답니다. 잘 어울리네요. 둘이 같이 입을 수도 있을 거 같아요. 다음번에 지인이 일하는 매장에서 사기로 했습니다.

(패션) (카페) **휴먼메이드 & 블루보틀**

휴먼메이드는 스트리트 브랜드 베이프[BAPE]를 창립한 디자이너 니고[Nigo]상이 하는 브랜드예요. 한국에서 도쿄 여행 오시는 분들께도 인기가 많죠. 하라주쿠 매장 내부에는 블루보틀 카페도 있습니다.

위트 있는 동물 그래픽이 그려진 의류가 있고, 악세사리들이 특히 귀엽습니다. 옷에 관심 있는 분께는 천국일지도 몰라요.

(쇼핑몰) **WITH**

역 근처에 2020년 6월 새로 생긴 상가예요. 스누피 캐릭터가 있는 피넛츠 카페, 대형 유니클로, 스타벅스, 이케아도 있으니 시간 보내기 좋습니다.

최근에 일본에는 시부야 등 도심에도 이케아가 생겼어요. 광명, 고양 등 서울 근교에 매장이 있는 한국과 다른 점이죠? 이케아를 좋아하시는 분이라면 도심에서도 쇼핑할 수 있으니 좋은 소식입니다.

WITH 내에는 캠핑용품 브랜드 스노우피크[Snowpeak] 매장도 있어요. 카페도 함께 운영하고 있었습니다. 카페 내부 인테리어도 다 스노우피크 제품으로 되어 있었어요.

(쇼핑몰) **@코스메 도쿄**[@cosme TOKYO]

3층 건물에 400평이 넘는, 규모가 엄청난 쇼핑몰입니다.

화장품 브랜드들이 거의 다 모여 있고, 테스트도 가능합니다. 뷰티에 관심 있는 분들은 꼭 들러 보셔야 할 코스예요.

와인 no.501

내추럴 와인을 판매하는 와인 전문 숍입니다. 와인을 사 갈 수도 있고, 마시고 갈 수도 있어요. 와인도 좋지만 가게 자체가 너무 예뻤습니다. 디스플레이 방식이 정말 독특해요.

가격대는 한 병에 약 4000엔부터였어요. 올리브 같은 간단한 안주도 가져갈 수 있게 판매하고 있었습니다. 와인에 관심 있는 분들은 들러 보시길 추천 드려요.

7

기타산도:
남들과는 다른 하루

기타산도는 하라주쿠에서 북쪽으로 조금만 걸으면 나오는 지역이에요. 관광객들에게 그리 유명하진 않지만 하라주쿠나 오모테산도와도 가까워서 맛집과 핫플이 많습니다. 남들과는 다른 곳을 가보고 싶을 때 추천해요. 저희가 좋아하는 카페와 숍들을 소개해 드리겠습니다.

카페 CIBI

일본에서는 드물게 플랫 화이트를 마실 수 있는 카페예요. 커피 맛이 진하고, 우유의 맛도 깔끔해서 좋아합니다. 카운터 좌석으로만 10자리 정도가 있는 작은 가게예요. 자연 채광이 자연스럽게 들어오고, 차분한 음악에 분위기가 참 좋은 곳입니다.

카레 커리 & 바 모쿠바자MOKUBAZA

역에서 5분 정도 거리에 있는 카레집이에요. 키마카레(드라이 카레)로 유명한 곳입니다. 외관은 작은 오두막집 같은 느낌이에요. 밤에는 바로 운영해서 술도 많이 보이네요.

인기가 많은 곳이라, 저희가 점심에 갔을 때는 비가 오는 날이었는데도 줄이 엄청 길게 서 있었어요. 50분 정도 기다리고 내부로 들어갈 수 있었습니다. 가게 안쪽은 영화에 나오는 오래된 바 같은 분위기였어요. 인테리어도 정말 마음에 들었습니다.

카레는 S, M, L 사이즈 중 선택할 수 있었어요. 저희는 둘 다 M사이즈를 선택했습니다. 하프 치즈 키마카레(1170 엔), 야키 에그 키마카레(1100엔)를 주문했어요.

하프 치즈 키마카레는 키마카레 위에 반만 치즈가 덮여 있고, 계란 노른자가 올라가 있는 비주얼이었어요. '아까워서 못 먹겠는데?'라고 생각하면서 바로 치즈부터 쭉 당겨서 노른자를 터뜨려 봅니다. 늘어난 치즈가 얼굴에 튈 정도로 치즈가 많았어요.

야키 에그 키마카레는 키마카레 위에 치즈를 올려 오븐에 한번 구워 나오는 메뉴예요. 지글지글 소리가 ASMR 같습니다. 치즈 아래에 계란이 숨겨져 있었어요. 야키 에그 키마카레를 먹은 유키나는 마지막까지 노른자를 아껴 가며 싹싹 비워 봅니다.

여기는 일본에서 카레가 맛있는 집 100점포 안에 든다고 해요. 카레 맛은 조금 매콤하면서 향이 독특했어요. 드라이 카레를 좋아하시는 분이라면 꼭 가보시길 추천 드립니다. 저희는 너무 맛있어서 10분 만에 그릇을 비웠어요. 나오는 길에도 아직 웨이팅 줄이 엄청 길었으니, 참고해 주세요.

카페 **타스야드** TasYard

다음은 카레집에서 걸어서 5분 걸리는 카페로 가봅니다. 커피젤리가 유명하다는 곳이에요. 웨이팅은 그리 길지 않아서 금방 들어갔습니다. 내부는 우드 톤에 타일, 식물이 어우러진 분위기였어요. 한국의 힙한 카페에도 있을 법한

모쿠바자

하프 치즈 키마카레(왼쪽), 야키 에그 키마카레(오른쪽)

타스야드

커피젤리

인테리어네요.

저희가 갔을 땐 오후 2시 정도였는데, 프렌치 토스트는 인기가 많아서인지 벌써 품절이었어요. 커피젤리(700엔), 이탈리안 블렌드 커피(650엔)를 주문했습니다.

커피젤리는 위에 흑당 시럽을 뿌려서 먹는다고 해요. 밑에 있는 커피젤리와 크림을 얹어서 먹어 봤습니다. 젤리는 탄력 있는 식감에 올려져 있는 크림도 많이 달지 않아서 식후였는데도 거부감 없이 잘 들어갔어요.

카키색 컵이 예뻐서 어디 제품인지 찾아보기도 했어요. 가게 안에서 판매하고 있었는데, 품절이었습니다.

(베트남 요리) pho321

기타산도 근처에서 가볼 만한 다른 식당도 소개해 드릴게요. 이곳은 베트남 요리를 파는 식당입니다. 역에서 도보 5분 거리이고, 가게는 3~4테이블 정도의 크기였어요.

작고 귀여운 인테리어 탓인지, 여성 손님들이 많았습니다. 시그니처인 '포(쌀국수)'와 '분'이라고 하는 국물 없는 면 요리, 베트남식 샌드위치, 스프링롤(월남쌈), 요일 메뉴 플레이트 등 다양한 메뉴를 판매해요. 각종 토핑들과 스프링롤은 잘 보이는 냉장고에 디스플레이되어 있어서 보기 편했습니다.

저희는 런치 플레이트(1300엔), 스프링롤(3피스 800엔), 야채 포(M사이즈 900엔)를 주문했어요. 스프링롤 안에는 특

pho321

야채 포(왼쪽), 스프링롤(오른쪽)

KIPPY'S COCO-CREAM

HOEK

경험들 2 - 이번 주말의 도쿄

이하게 삶은 고구마와 각종 야채들이 꽉꽉 채워져 있어서 식감도 좋고, 칠리소스와 조합이 정말 맛있었어요.

야채 포에는 비트가 들어가서, 국물에 비트 색이 났습니다. 색도 예쁘지만, 면이 쫀득쫀득해서 맛도 좋았어요. 런치 플레이트엔 작은 반찬들이 여러 가지 나오는데, 다 건강에 좋은 것들이었어요. 담백하고 맛있었습니다.

아이스크림 KIPPY'S COCO-CREAM

후식으로 먹기 좋은 아이스크림 가게예요. 캘리포니아에서 온 아이스크림집인데, 가게 분위기도 이국적인 느낌이었습니다.

12종류의 아이스크림이 있었고, 2스쿱에 650엔입니다. 저희는 '차콜'이라는 까만색 아이스크림이 궁금해서 먹어 봤어요. 코코넛 맛이 나서 맛있었습니다.

잡화 HOEK

근처에서 둘러보기 좋은 숍들도 추천해 드릴게요. 이곳은 라이프스타일 제품을 판매하는 편집숍이에요. 빈티지 제품이나 핸드 크래프트 제품도 판매합니다. 식기나 인테리어 잡화, 일상 용품, 오브제 등등 분야는 정말 다양했어요.

레트로한 아파트를 개조해 매장으로 운영하고 있었습니다. 일본스러운 아기자기한 물건들이 많이 진열되어 있고, 평소에 자주 볼 수 없는 특이한 물건들이 비치되어 있어서 인테리어를 좋아하시는 분들이라면 너무 즐거운 공간일 거 같아요.

저희는 '히비hibi'라는 브랜드의 귀여운 성냥 모양 향을 구매했어요. 매장에서 나는 향이 좋았는데, 히비의 '오크모스oakmoss' 향이라고 해서 같은 걸로 구매했습니다.

(서점) 북마크Bookmarc

북마크는 마크 제이콥스Marc Jacobs가 뉴욕에서 만든 서점이에요. 세계에서 5번째 매장이 하라주쿠에 입점해 있습니다. 예술, 사진, 패션과 음악에 관한 엄선된 서적을 취급하는데, 빈티지나 사인 책을 수집하는 콜렉터들에게도 인기가 많은 곳입니다.

8

나카메구로:
먹고 마시고 빈티지 쇼핑

경험들 2 - 이번 주말의 도쿄

나카메구로는 개인적으로 정말 좋아하는 곳이에요. 분위기 좋은 편집숍이나 맛집, 이자카야가 많아서 미디어에 자주 소개되는 동네입니다. 패션을 좋아하는 사람들이 모이는 곳이기도 해서, 길을 걷고 있으면 멋진 사람들을 종종 발견하곤 해요.

봄에는 메구로강에서 큰 규모로 벚꽃 축제가 열려요. 메구로강 옆길에 벚꽃이 정말 아름답게 피거든요. 시기를 맞춰서 가시면 일본의 재밌는 축제 문화도 경험하실 수 있습니다.

골목으로 들어가면 전철이 다니는 고가 밑에 이자카야들이 많이 늘어서 있기 때문에 밤에도 즐기기 좋습니다. 레트로한 가게들도 많아요. 나카메구로의 좋아하는 가게들을 소개해 드릴게요.

식당: 취향 따라 골라 먹는 맛집

햄버그 카마모토 한베이 Kamamoto Hanbei

요즘 일본에서 인기인 햄버그 스테이크 정식집이에요. 가마솥으로 지은 밥과 레어로 구운 햄버그를 먹을 수 있는 곳입니다. 가게 안은 특이하게 주방을 카운터 자리가 둘러싼 형식이에요. 반 개인실 같은 자리도 있습니다.

햄버그 스테이크 사이즈를 선택해 세트로 먹을 수 있어

카마모토 한베이

세이린칸

마르게리타 피자(왼쪽), 봉골레 비앙코 파스타(오른쪽)

요. 180g 세트(1800엔) 하나, 240g 세트(2200엔) 하나를 주문했습니다. 한 사람당 작은 반찬을 두 개 고를 수 있고, 가마솥밥과 햄버그가 나와요. 밥은 1그릇까지는 무료로 추가할 수 있습니다.

주문하면 바로 밥을 지어서 나와요. 일본의 미슐랭 레스토랑인 '미츠보시'에서도 사용하는 교토산 쌀을 쓰고 있다고 합니다. 밥알에 탄력이 있고 윤기가 흘러요.

햄버그는 레어 상태로 나오는데, 뜨거운 철판에 자기가 좋아하는 정도로 구워서 먹을 수 있어요. 생각보다 두꺼워서 놀랐습니다. 점원분의 설명대로 반을 갈라서 구워 먹었어요.

앞서 하라주쿠 편에서 소개해 드린 햄버그 스테이크집 '니쿠노모리'와 비교하면 고기가 더 촘촘하고, 씹는 맛이 부드러웠습니다.

바로 구워 먹는 햄버그와 쌀밥의 조화가 좋았어요. 고기는 간이 강하게 되어 있지 않아서 소스를 찍어 먹으니 잘 어울렸습니다. 간장 베이스 햄버그 소스, 산뜻한 갈은 무에 간장이 올라간 소스가 나왔어요.

(피자) **세이린칸**^{Seirinkan}

나카메구로역 남쪽 출구에서 도보로 2분 거리인 피자집이에요. 내부는 레트로한 분위기입니다. 비틀즈 사진이 가득 걸려 있어요.

저희는 봉골레 비앙코 파스타(2000엔), 마르게리타 피자(1500엔)를 주문했어요. 파스타는 싸지 않은 가격이었지만 지금까지 먹어본 봉골레 중 최고였어요. 봉골레를 좋아하신다면 추천드립니다.

피자는 마르게리타, 마리나라 두 종류만 있어요. 이곳 피자는 피자 맛집이 많은 도쿄에서도 맛있기로 유명합니다.

재료는 심플하지만 반죽에 간이 잘 되어 있고 쫀득쫀득해요. 1인 1피자도 거뜬할 것 같습니다.

나폴리 스타일 피자를 도쿄로 가져왔다고 해요. 외국인에게도 인기가 많은 가게입니다.

주먹밥 오니기리 카페 Onigily Cafe

최근에 일본에 많이 생기고 있는 주먹밥 전문점이에요. 인기가 많은 곳입니다. 내부엔 20석 정도 자리가 있어요.

진열대에는 테이크아웃용 오니기리가 놓여 있는데, 저희는 오후 1시에 갔는데도 많이 비어 있었어요. 하지만 가게 안에서 먹는 경우는 주방에서 바로 만들어 주시니 안심하셔도 됩니다.

샐러드 2개, 가라아게, 된장국이 포함된 '욕심쟁이 플레이트(1100엔)'를 시키면 오니기리 2개를 고를 수 있어요. 여기에 나오는 가라아게가 진짜 고소하고 맛있었습니다. 한 접시 런치인데 골라 먹는 재미가 있는 곳이에요. 뭔가 건강해진 기분도 들고요.

대만 요리 도쿄타이완 TOKYOTAIWAN

대만 요리 전문점이에요. 내부에 자리가 많진 않지만 차분한 분위기에 대만 느낌이 나는 인테리어입니다. 저희는 루로한(고기 덮밥, 1000엔)과 여기 명물인 스이교자(1000엔)를 주문했어요.

루로한은 고기 덮밥인데, 누구나 좋아할 맛이었어요. 스이교자는 만두피가 두껍고 쫄깃했습니다. 양도 알차더라고요. 만두만 먹어도 맛있지만 소스에 찍어 먹으니 더 맛있었습니다.

야키토리 모츠야키 반 Motsuyaki Ban

정말 좋아하는 야키토리 가게예요. 코로나 전에는 한 달에 한 번씩은 갔을 정도입니다. 저희가 추천하는 술은 레몬 사와예요. 사케에 레몬과 탄산수를 섞어 먹는 건데, 직접 레몬을 짜넣도록 생 레몬을 줍니다.

추천 메뉴는 하라미(갈매기살) 소금맛, 삼겹살 구이, 카마타마 우동이에요. 우동은 우동 전문점보다 맛있을 정도입니다.

로바다야키 나카메노 텟펜 본점 Nakame no Teppen Honten

건물 1층에 있는 이자카야입니다. 엄청 특이하게 작은 문이 입구예요. 건물 내부로 들어가면 작은 문이 보이는데, 허리 높이 정도 되는 문으로 숙이고 들어가야 합니다.

도쿄타이완
루로한(왼쪽 위), 스이교자(오른쪽 아래)

모츠야키 반

이 가게는 '로바다야키'를 판매해요. 해산물이나 야채 등을 주문하면 화덕에서 바로 구워 주는 음식입니다. 해산물이 맛있는 도호쿠 지방이 발상지라고 해요.

바로 눈앞에서 굽는 걸 볼 수 있는 바 자리가 있어요. 여기에 앉으면 만들어진 메뉴를 긴 나무 막대기 위에 올려서 서브해 줍니다.

저희는 먼저 애호박을 주문했어요. 소금이나 미소에 찍어 먹으라고 알려 주셨습니다. 냄새도 너무 좋고, 입안에서 바로 녹았어요. 소스도 두 가지 다 잘 어울립니다.

다음은 최고 인기 메뉴인 고등어예요. 주문하면 바로 생고등어를 막대기에 꽂아서 구워 주십니다. 부드럽고 기름진 속살이 통통해서 정말 맛있었어요. 이건 꼭 먹어야 해요.

두부튀김도 주문했어요. 폰즈나 생 매실 소스를 찍어 먹으라고 추천해 주셨습니다. 튀긴 두부를 화덕에 한 번 더 구워서 불맛이 나면서 바삭바삭한 식감도 살아 있어요. 폰즈 소스랑 정말 잘 어울렸습니다.

옥수수 튀김도 주문했는데, 달달하니 여름이 느껴지는 맛이었어요. 그 다음으로 주문한 닭다리 소금구이는 유즈코쇼(유자 후추)와 곁들여 먹으라고 알려 주셨어요. 숯불 향도 잘 배어 있고, 육즙이 풍부했습니다. 유키나는 이 메뉴가 제일 맛있었다고 하네요.

마지막은 야키오니기리를 시켰어요. 주먹밥 겉부분을 먼저 구운 다음, 소스를 적셔서 다시 구워 주시네요. 간장

나카메노 텟펜 본점
옥수수튀김(왼쪽), 야키오니기리(오른쪽)

경험들 2 - 이번 주말의 도쿄

베이스 소스가 살짝 그을린 맛이 나면서 최고였어요.

저희는 이렇게 배부르게 먹고 1인당 4000엔 정도 냈습니다. 그렇게 비싸지도 않고, 앞에 진열된 재료를 바로바로 구워 주는 방식도 좋아서 다시 오고 싶은 곳이었어요. 추천하는 식당입니다.

카페와 디저트: 빈티지한 매력과 테라스석

(차) **치야바**CHIYA BA

나카메구로의 고가 밑은 요즘 핫한 골목이에요. 가볼 만한 곳이 정말 많습니다. 고가 밑 골목을 따라 역에서 5분 정도 걸으면 카페가 나와요.

이 카페는 차이 티를 메인으로 다루고 있는 티 숍이에요. 여러 종류의 찻잎이 카운터에 진열되어 있습니다. 내부는 살짝 어둡고, 차분한 분위기예요. 유명한 인테리어 책들도 놓여 있습니다. 카운터 뒤쪽 자리가 딱 저희 취향이었어요.

베이직한 차이 티(600엔)와 럼차이(800엔)를 시켰어요. 럼차이는 차이 티에 럼을 넣어서 먹는 메뉴입니다. 직원분 조언대로 럼을 섞어서 먹어 봤어요. 분위기도 좋고, 차이 맛도 좋아서 추천하는 가게입니다.

치야바

로주 나카메구로

경험들 2 - 이번 주말의 도쿄

(도넛) **아임 도넛** I'm donut?

나카메구로역 동쪽 출구(히가시구치)에서 나오면 바로 보이는 도넛 가게입니다. 출구 앞의 횡단보도를 건너면 있어요. 이 근처에 올 때마다 웨이팅이 길게 늘어서 있는 게 보여서 맛이 어떤지 궁금했습니다. 줄 서는 동안 메뉴판을 주셔서 미리 주문했어요.

저는 30분 정도 기다려서 계산대 근처에 다다를 수 있었습니다. 메뉴를 볼 때는 유명 메뉴인 소시지 도넛이 품절이라고 했는데, 기다리는 사이에 새로 구워져 나와서 운 좋게 구매할 수 있었어요. 소시지 도넛을 포함해 초코, 플레인 도넛을 샀습니다.

집에 와서 전자레인지에 살짝 데워 먹었는데, 엄청 쫄깃한 식감이었어요. 세 가지 메뉴 중 소시지 도넛을 가장 추천합니다. 갈릭 버터가 들어간 도넛에 허브 향 소시지 조합이 너무 맛있었어요.

나카메구로 주변에는 옛날 느낌의 레트로한 가게들이 많아요. 구경하면서 예약한 이자카야로 향했습니다.

(카페) **로주 나카메구로** ROJU NAKAMEGURO

사람이 많은 거리와는 떨어진 숨겨진 장소에 있는 카페입니다. 일단 널찍하고 자리가 많은 게 좋았어요. 저희는 아메리카노(500엔), 소이라테(600엔)를 먹었습니다.

의자나 테이블 등 인테리어가 제 취향이었어요. 미드 센

추리 모던 계열의 가구들이 많이 배치되어 있습니다. 놀^{Knoll}의 바르셀로나 체어, 임스^{Eames} 부부가 디자인한 테이블과 체어도 있어요. 큼직하고 편안한 의자에서 쉬어 가기 좋았습니다.

카페 테이스트 앤 센스Taste AND Sense

1LDK라는 편집숍에서 운영하는 카페입니다. 저희는 카페라테(700엔), 오렌지 플라워 티(650엔)를 마셔 봤어요.

카페 오픈 나카메구로OPEN NAKAMEGURO

테라스 자리가 있는 카페예요. 메뉴 가격은 스콘 400엔, 카라멜 라테 550엔, 아메리카노 440엔이었습니다. 스콘은 따뜻하게 데워 달라고 하면 더 맛있습니다.

카페 com

2021년 11월에 오픈한 카페예요. 나카메구로역에서 도보 10분 정도 걸립니다. 일본에는 잘 없는 바닐라 라테를 판매해요.

카페 리버사이드 클럽RIVERSIDE CLUB

메구로강 앞에 있는 카페입니다. 케이크류 디저트가 많아요. 야외 자리가 있고, 메구로강이 바로 앞이라 따뜻한 날 밖에서 마시기 좋아요. 커피 가격대는 라테 600엔, 아이스 커피 550엔입니다.

(케이크) 치즈케이크 조한^{Cheese Cake Johann}

치즈케이크 전문점인데, 줄이 서 있어서 맛있을 것 같아 도전했던 집입니다. 치즈 맛이 진해서 만족스러웠어요. 사워크림 치즈 맛을 추천합니다.

숍: 멋진 공간, 멋진 물건

(인테리어숍) 리히트 갤러리^{LICHT Gallery}

덴엔도시선 이케지리오오하시역에서 더 가까운 위치에 있어요. 건물 느낌은 수상하지만 2층으로 올라가면 숍이 나옵니다.

일본과 해외 디자이너의 인테리어 제품을 수집해 팔고 있는 인테리어숍 겸 갤러리예요. 아름다운 가구와 소품들이 단정하게 전시되어 있습니다. 여기 바로 옆에 카페 리버사이드 클럽이 있으니 함께 들러 보셔도 좋아요.

(화장품) 이솝 도쿄^{Aesop Tokyo}

메구로강변에 있는 이솝이에요. 일본 내 로드숍 중엔 가장 큰 점포라고 합니다. 내부에 들어가면 계속 머무르고 싶을 정도로 좋은 향기가 납니다.

리히트 갤러리

경험들 2 - 이번 주말의 도쿄

도쿄 이솝에서는 한국에 들어오지 않는 마우스 워시를
팔아요. 마우스 워시를 구매하면 비커처럼 생긴 작고 귀여
운 컵을 같이 주더라고요.

(편집숍) **베식스**Bechics

의류 편집숍입니다. 질이 좋으면서도 심플한 옷을 주로
판매해요. 스튜디오 니콜슨STUDIO NICHOLSON, 아워레가시OUR
LEGACY 등의 브랜드를 만날 수 있습니다.

9

다이칸야마:
조금은 사치스러운 시간 보내기

다이칸야마는 부자나 연예인, 유명인 등이 사는 차분한 고급 주택가의 이미지가 강한 곳이에요. 시부야구 내에서도 손꼽히는 인기 지역입니다. 메이텐名店이라고 불리는 맛집과 유행에 민감한 최신 상업 시설, 대사관 등이 많이 들어와 있어요.

건물들의 외관도 고급스러워서 조금은 사치스러운 시간을 보낼 수 있는 곳입니다. 다이칸야마에는 공원도 많아서 대도심 속에서 잠시 힐링하기도 좋아요. 멋진 공간에서 작은 사치를 누릴 수 있는 장소들을 소개합니다.

식사: 정성스러운 한 끼

(주먹밥) **오무스비 카페**OMUSUBI CAFE

오무스비(주먹밥)를 반찬, 메인 메뉴와 함께 세트로 먹을 수 있는 식당입니다. 저희가 먹은 세트 가격은 1380엔이었어요.

된장국, 절인 반찬이 같이 나오고 가라아게(닭튀김), 계란말이, 가쿠니(돼지고기 조림) 등 반찬을 고를 수 있습니다. 주먹밥의 밥이 너무 맛있어서 먹은 순간 감동했어요. 반찬 중에서는 가쿠니를 추천해요. 윤기가 좔좔 흐르고 부드러워서 맛있었습니다.

정식 잇신 다이칸야마 Isshin Daikanyama

이곳은 엄청 인기가 많은 밥집입니다. 갓 지은 밥과 반찬이 함께 나오는 정식을 판매해요. 반찬 메뉴로는 가쿠니가 가장 유명합니다. 그 외에도 다양한 반찬 메뉴가 있어요.

저희는 오픈 시간 11시 30분에 맞춰서 갔어요. 오픈 10분 전에 도착했는데도 줄이 서 있었습니다. 일찍 오지 않으면 많이 기다려야 할 수도 있어요. 저희도 줄이 너무 길어서 포기한 적이 있었습니다. 실내는 생각보다 넓어서 오픈하고 나니 웨이팅은 빠르게 줄었어요.

갓 지은 밥은 무한 리필이 가능합니다. 가쿠니 정식을 시켰는데, 돼지고기가 젓가락으로 부서질 정도로 부드러웠어요. 함께 나오는 겨자를 올려서 먹어 주면 감칠맛이 두 배가 됩니다. 밥이랑 조합이 말도 안 돼요. 감동적인 맛이었습니다. 식후엔 따뜻한 차를 내어 주세요.

런치 타임은 11시30분에서 2시 30분까지인데, 대기가 길어서 오픈 30분 전에 일찍 오시는 걸 추천 드립니다.

쇼핑몰 다이칸야마 티사이트 DAIKANYAMA T-SITE

츠타야 서점이 들어와 있는 쇼핑몰이에요. 저희가 다이칸야마에서 가장 자주 가는 곳입니다. 다이칸야마역에서 도보 5분 거리로 잠시 쉬면서 책도 읽고 소품 쇼핑도 즐길 수 있어요.

오무스비 카페

잇신 다이칸야마

경험들 2 - 이번 주말의 도쿄

아이비 플레이스IVY PLACE

티사이트 내에 있는 레스토랑이에요. 브런치 메뉴로 팬케이크가 유명하고, 분위기도 좋습니다. 저희는 크리스마스에 가서 코스 메뉴를 먹어 봤어요. 1인당 6200엔이고 스프, 에피타이저, 파스타, 메인 요리, 디저트를 하나씩 고를 수 있었어요.

맛있었던 메뉴 위주로 소개해 드릴게요. 5종류의 양파가 들어간 어니언 스프도 맛이 좋았고, 까망베르 치즈를 작은 팬에 구워 나오는 '까망베르 치즈 스킬렛'도 기억에 남았어요. 빵에 치즈와 구운 사과를 올려서 곁들여 먹는 음식이었습니다.

구운 대구와 버섯 리조또는 두 번째로 맛있었어요. 제일 맛있었던 건 메인 요리인 등심 스테이크입니다. 고기 그대로도 맛있고, 캐슈넛 소스를 곁들이니 더 맛있었어요. 와인을 곁들여 맛있게 먹었습니다.

맛도 있었지만, 가게 분위기나 점원분들의 서비스까지 다 좋았어요. 아침부터 영업하니 꼭 들러 보시길 추천합니다. 블랙핑크 제니와 지수도 왔었다고 하네요.

카페: 디저트가 빠질 수 없는 카페 투어

캐러멜 **넘버 슈가**NUMBER SUGAR

오모테산도에서 유명한 캐러멜 전문점이에요. 장인들이 한 땀 한 땀 정성스럽게 만든 캐러멜입니다. 다이칸야마 매

아이비 플레이스

넘버 슈가

경험들 2 - 이번 주말의 도쿄

장은 비교적 최근에 오픈했어요.

캐러멜 맛은 12종류가 있습니다. 낱개로 살 수 있고, 포장지에 번호가 매겨져 있어서 번호에 따라 맛을 확인할 수 있어요. 하나에 100엔이나 하니 조금은 사치스럽지만 후회 없는 맛이에요. 겉모습도 귀여워서 선물용으로도 많이 사가시는 것 같습니다.

가게 밖에는 자판기가 있어요. 5개들이로 포장된 캐러멜이 랜덤으로 나오는데, 패키지가 다 예뻐서 뭐가 나올지 기대하게 만드네요. 저희가 갔을 때는 여름 한정으로 캐러멜이 들어간 음료도 판매하고 있었습니다.

카페 모카 커피 Mocha Coffee

다양한 숍을 돌아보고 슬슬 커피 타임을 가져 볼까요? 숨겨져 있어서 찾기가 살짝 힘들지만, 아랍어 간판을 보고 오시면 되는 커피집입니다. 몇 년 전에 유키나가 와 보고 좋아서 소개하고 싶어했던 곳이었어요.

예멘의 모카 커피 전문인 이곳은 벽에 지도가 그려져 있어요. 매장에는 예멘 커피를 찾는 해외 분들이 많이 와 계셨습니다. 가격대는 조금 있지만, 정성스럽게 내린 본격 커피를 마셔볼 수 있어요. 디저트도 손수 다 만드시고, 아랍의 과자도 있다고 해요.

저희는 아이스 커피(900엔)와 크럼블 케이크(700엔)를 주문했습니다. 케이크는 시나몬 맛이 깊게 나고, 바삭한 식

모카 커피

가든 하우스 크래프트

유미코 이이호시 포셀린

감이었어요. 이국적 분위기에서 마시는 커피는 느낌이 또 다르네요. 편하게 커피를 즐기고 싶은 분들께 추천합니다.

브런치 가든 하우스 크래프트 GARDEN HOUSE CRAFTS

다이칸야마에 있는 쇼핑몰 로그로드 LOG ROAD 안에 있는 브런치 카페입니다. 로그로드에는 신발 편집숍, 향 제품을 판매하는 숍 등 트렌디한 가게가 많이 들어와 있어요.

이 카페에서는 런치 메뉴, 빵과 케이크, 맥주 등을 판매합니다. 저희는 샐러드 플레이트, 그라탕을 골랐어요. 구운 치킨이 들어간 그라탕이었는데 담백하고 맛있었습니다.

카페 카시야마 다이칸야마 Kashiyama Daikanyama

인테리어가 예쁘고 식물이 많은 카페입니다. 2층에도 좌석이 있어요. 천장이 높고 밝아서 미술관 안에 있는 카페 느낌이었어요. 가격은 카페라테가 900엔으로 조금 비쌌어요. 점심 식사도 가능하다고 하네요.

도자기 카페 유미코 이이호시 포셀린 yumiko iihoshi porcelain

일본의 도자기 브랜드로 유명한 유미코 이이호시에서 운영하는 카페입니다. 도예가 이이호시 유미코가 만든 작품이 전시되어 있고, 구입할 수도 있어요.

음료 메뉴는 단 두 개였어요. 커피, 티가 있습니다. 파운드케이크, 쿠키 등 간단한 디저트는 여러 가지가 있었어요.

저희는 홍차와 파운드케이크를 먹었습니다. 홍차가 밥그릇같이 큰 컵에 나와서 양이 충분했어요.

카페에서 사용하는 식기는 다 유미코 이이호시 제품입니다. 일본스러운 디자인이니 경험해 보셔도 좋을 것 같아요. 그릇 가격도 생각보다 합리적입니다.

숍: 내가 고르는 '작은 사치'

(식물) 플로리스트 이구사Florist IGUSA

세계 각국에서 고품질의 꽃과 식물을 모은 셀렉트숍입니다. 할아버지께서 운영하시는, 도시 안이지만 차분한 공간이에요. 식물로 힐링하시고 싶은 분들에게 추천합니다.

(향수) 불리 도쿄 부띠끄OFFCINE UNIVERSELLE BULY

향수 브랜드 불리BULY의 매장입니다. 구매하면 캘리그라피로 이름을 써서 포장해 줍니다.

(소품) 크리스마스 컴퍼니Christmas Company

크리스마스 시즌이 아니어도 1년 내내 열려 있는 소품숍입니다. 크리스마스 분위기가 나는 장식품이 많아요. 겨울 시즌에 여행을 가시거나, 크리스마스 분위기를 좋아하신다면 들러 보세요.

에비스:
라이프스타일과 문화 생활

더 하베스트 키친

uRn. chAi & TeA

경험들 2 - 이번 주말의 도쿄

에비스는 다이칸야마에서 걸어서 10분 정도면 넘어갈 수 있는 지역이에요. 다이칸야마에 가는 날 함께 둘러보시는 것을 추천합니다. 에비스에는 멋진 라이프스타일과 문화를 제안하는 곳들이 있어요. 저희가 좋아하는 장소를 골라 소개합니다.

패션 메종 마르지엘라 도쿄 Maison Margiela Tokyo

메구로강을 건너서 에비스로 가는 길에 메종 마르지엘라 Maison Margiela의 도쿄 매장이 있어요. 마르지엘라의 세계 진출 1호점이 이 도쿄점이라고 합니다.

식기 더 하베스트 키친 The Harvest Kitchen General Store

에비스역에서 도보 5분 정도 거리에 있는 식기 전문점이에요. 예쁜 그릇을 정말 싸게 살 수 있는 곳입니다. 컵들이 전부 300엔 정도예요.

일본 느낌의 식기 코너도 있고, 그 외에도 다양한 종류의 접시들이 있습니다. 커트러리도 팔고 있으니 체크해 보세요. 구경하다 보면 많이 사게 돼서 저희는 양손 무겁게 집으로 돌아갔습니다.

차 uRn. chAi & TeA

차이 티와 홍차 전문점이에요. 샌드위치가 인기가 많은 곳입니다. 이곳은 원래 오모테산도에서 키친 카(자동차에 매장을 만들어 거리에서 판매하는 곳)로 판매를 시작했다고 해요. 편안한 가게 분위기에 음료도 맛있으니 들러 보세요.

(미술관) **도쿄 정원 미술관** Tokyo Metropolitan Teien Art Museum

요즘 도쿄에서 핫한 미술관입니다. 전시를 보지 않고 정원만 보면 200엔에 입장할 수 있어요. 시간이 넉넉하지 않으시다면 전시회를 안 보고 정원에 피크닉 하러 와도 좋을 것 같아요. 안에는 '카페 테이엔'이라는 카페도 있습니다.

(편집숍) **BIOTOP**

저희가 좋아하는 편집숍이에요. 다양한 브랜드를 잘 셀렉해 놓아서 조금 멀지만 찾아갈 만한 곳입니다.

11

도쿄역, 니혼바시, 아키하바라:
도쿄 도심의 발견

이번 챕터에서는 도쿄 도심인 도쿄역 부근과 오피스 빌딩이 많은 니혼바시, 전자용품 숍이나 만화책과 애니 관련 숍으로 유명한 아키하바라 등 도쿄 도심부의 장소들을 소개해 드릴게요. 저희가 좋아하는 장소들 위주로 다뤄 보겠습니다.

도쿄역 : 대형 숍과 라멘 스트리트

(화과자) 토라야 도쿄 TORAYA TOKYO

유명한 화과자 가게입니다. 도쿄역과 연결돼 있는 스테이션 호텔 2층에 있어요. 이 호텔은 1박에 5만엔 이상 하는 고급 호텔입니다. 여기에서 커피와 디저트를 먹어 봤어요. 커피는 900엔, 앙미츠는 1320엔이었습니다.

호텔 안에 있는 가게라 가격이 비싼 만큼 커피는 맛있었어요. 앙미츠는 젤리에 팥앙금이 올라간 일본식 디저트입니다. 반짝반짝하고 귀여운 젤리와 팥에 시럽을 뿌려 먹어요. 젤리는 너무 달아서 살짝 남기긴 했습니다. 앙미츠가 궁금하고, 근처에 오실 일이 있다면 들러 보셔도 좋을 것 같아요.

(가구) (잡화) 더 콘란샵 마루노우치 The Conran Shop Marunouchi

전 세계에서 셀렉트한 가구와 생활 잡화를 파는 숍입니다. 서울에도 들어와 있죠. 도쿄에는 도쿄역 부근 신마루빌

딩에 있어요.

저희는 볼 게 너무 많아서 한두 시간은 거뜬히 여기에서 보냅니다. 하나하나 다 귀엽지만, 가격 때문에 망설이다가 못 사서 슬펐네요.

(비스트로) 무드 보드 mood board

도쿄역 근처에서 점심을 먹을 만한 비스트로예요. 주말에도 비교적 한산한 곳을 찾아갔습니다. 런치는 빵과 음료가 무한 리필이에요. 신선한 샐러드도 나옵니다.

(라멘) 라멘 스트리트 Ramen Street

도쿄역에서 '야에스 중앙 출구' 쪽으로 나오면 도쿄 이치방가이라는 지하의 음식점 스트리트가 나와요. 여기에 전국에서 유명한 8개의 라멘집을 모아 놓은 라멘 스트리트가 있습니다.

라멘 스트리트에선 키오스크에서 주문하고 식권을 받은 뒤 줄을 서셔야 하니 주의하세요. 저희가 좋아하는 가게는 '로쿠린샤'입니다. 츠케멘이 특히 맛있었어요.

여기 라멘 스트리트에 들어와 있지는 않지만, 근처 칸다역에 있는 '칸다 라멘 와이즈'도 추천하는 라멘집이에요. 이에케라는 요코하마식 라멘이 맛있습니다. 근처에서 라멘을 먹을 예정이라면 참고해 주세요.

그 외에도 도쿄역에는 음식점이나 '오미야게(기념품)'를

하마쵸 호텔

네키

　　　　　　　　　경험들 2 - 이번 주말의 도쿄

파는 곳이 엄청 많습니다. 이치방가이에는 지브리 캐릭터나 짱구 등 인기 캐릭터 굿즈가 모여 있는 '캐릭터 스트리트'도 있어요. 라멘을 먹을 겸 한번 가보셔도 좋을 것 같습니다.

니혼바시: 오피스 상권에서 경험하는 현지인 일상

니혼바시는 도쿄역 바로 근처의 오피스 거리입니다. 고층 빌딩들이 많이 모여 있는 동네이죠. 그래서인지 주말이나 평일 밤에는 비교적 조용한 편이에요.

호텔 하마쵸 호텔 Hamacho Hotel

도쿄타워 보면서 호캉스를 하고 싶어서 갔던 호텔입니다. 2개월 전부터 예약을 해뒀어요. 2019년 2월에 오픈한 디자인 호텔이고, 입구 옆에는 카페도 있습니다.

테라스가 딸려 있는 테라스룸은 1박에 1인 1만 4000엔부터, 다른 보통 방은 약 5000엔부터 숙박이 가능합니다. 저희는 테라스룸으로 예약했고, 운 좋게 제일 높은 층 방을 주셔서 뷰가 좋았습니다. 주말에는 1층 카페에서 조식을 먹을 수 있어요.

주변에 역이 3개나 있어서 도쿄를 관광할 때 접근성도 좋을 것 같습니다.

오타코 오뎅 니혼바시 본점

카네코한노스케 본점

　　　　　　　　　　　　　　　경험들 2 - 이번 주말의 도쿄

레스토랑 **네키**Neki

호텔에서 5분 정도 거리에 있는 레스토랑이에요. 2020년에 오픈했다고 합니다. 일단 식기부터 디자인이 예뻐요. 저희는 완두콩과 민트의 차가운 스프(400엔), 로스트 오리고기와 오곡밥(1500엔), 시푸드 런치(1600엔)를 주문했습니다.

주변을 둘러보니 오리고기가 들어간 런치를 많이 시키는 것 같더라고요. 완두콩 스프도 시원하고 맛있었고, 시푸드 런치는 새우와 흰살 생선이 부드러웠어요. 해물 맛도 진했습니다.

밥을 먹고 커피를 마신다면, 근처의 스위치 커피^{SWITCH} COFFEE도 좋아요.

오뎅 **오타코 오뎅 니혼바시 본점**Otako Oden Nihonbashi

100년 된 오뎅 전문점이라고 해요. 몇 년간 가고 싶어서 벼르고 별렀습니다. 오픈인 4시에 맞춰서 3시 반에 갔는데, 벌써 5~6팀이 기다리고 있었어요.

유키나 혼자 갔던 거라, 1층 카운터 자리에 앉았어요. 혼자 오신 분들이 많습니다. 1층 카운터 자리는 오뎅을 구경할 수 있는 특별석이네요. 국물이 잘 스며들어 있는 오뎅이 눈앞에 보여요. 바로 주문해 봤습니다.

한국에선 생소한 토마토 오뎅을 주문했어요. 따뜻한 오뎅 국물에 담긴 토마토가 진짜 맛있어요.

가장 먹어보고 싶었던 토우메시(두부밥)는 간이 쫙 배어

마루고 돈가스
히레 정식(위쪽), 로스 정식(아래쪽)

있는 두부가 밥 위에 올라간 심플한 메뉴예요. 꼭 드셔 보세요! 밥 위에 그냥 두부라고 생각하시겠지만, 생각보다 너무 맛있어서 흥분해 박씨에게 라인 메시지를 보냈습니다. 두부에 간이 잘 되어 있어서 밥이랑 잘 어울려요. 깜짝 놀랄 정도로 맛있었습니다.

(텐동) 카네코한노스케 본점 Kaneko-Hannosuke

니혼바시의 유명한 텐동집입니다. 유키나 어머니가 여기 가고 싶다고 하셔서 함께 다녀왔어요. 가게 안은 1층 카운터와 2층 자리가 있어요. 꽤 좁은 공간입니다. 그래서인지 긴 웨이팅 끝에 착석했습니다.

생선 종류를 선택할 수 있어서 흰살 생선을 선택했어요. 새우, 생선, 김, 반숙 계란, 김이 올라가 있어요. 980엔에 이 정도 퀄리티면 가성비 좋은 편입니다. 튀김에서 참기름향이 나고 정말 고소했어요. 된장국은 따로 주문해야 하지만, 곁들여 먹는 걸 추천합니다.

아키하바라: 돈가스를 먹으러 간 오타쿠 성지

아키하바라역 주변엔 게임센터, 피규어 가게들이 엄청나게 늘어서 있어요. 저희는 돈가스를 먹으러 갔습니다.

역에서 5분 정도 걸려요. 구글 맵 평점 무려 4.5를 자랑하는 돈가스 명가입니다. 도쿄 원탑 돈가스라고 불리더라고요. 미슐랭 가이드에도 나온 유명한 곳입니다. 히레, 로스, 치킨 등의 메뉴가 있어요.

가격은 조금 비싼 편입니다. 히레 정식은 2200엔, 로스 정식은 1950엔이었습니다. 히레까스는 부드러운 안심에 적당한 튀김 옷이 맛있었어요. 고기가 두꺼워서 양이 적지 않았습니다. 저희는 로스를 추천해요. 육즙이 터져서 진짜 돈가스를 먹었다는 느낌이 듭니다.

테이블엔 우메보시, 특제 소스, 겨자 등이 있어요. 취향에 따라 곁들여 드시면 됩니다. 같이 나오는 된장국은 '아카미소(숙성 기간이 길고 색이 진한 편인 일본식 된장)'를 써서 살짝 진한 느낌이에요. 밥과 양배추는 1번까지 무료 리필이 가능했습니다.

12

긴자:
고급스럽고 클래식한 도심

도버 스트리트 마켓 긴자

밝고 화려한 도시인 도쿄 내에서도 긴자는 화려함에 더해 고급스러움과 격식이 느껴지는 지역입니다. 저희에게 긴자는 살짝 연령대가 높은 어른이 모이는 동네라는 이미지예요. 이번 챕터에서는 긴자의 쇼핑 장소, 클래식한 맛집을 소개해 드릴게요.

긴자에 고급스럽다는 표현이 어울리는 이유는 명품 브랜드 매장이나 미츠코시 백화점 등 대형 백화점이 많이 늘어서 있기 때문이에요. 그래서 도쿄 내의 쇼핑 지역이자 관광지로도 유명합니다.

긴자는 장소 자체가 브랜드이기 때문에 유니클로나 무인양품 등도 플래그십 스토어나 대규모 점포를 긴자에 내고 있어요. 특히 무인양품은 호텔, 갤러리 스페이스 등도 긴자에 열었어요. 볼거리가 많습니다.

(편집숍) 도버 스트리트 마켓 긴자DOVER STREET MARKET GINZA

저희가 긴자에 가면 무조건 들르는 편집숍이에요. 이 편집숍은 꼼데가르송COMME des GARÇONS의 디자이너 레이 가와쿠보가 디렉팅한 곳입니다. 6층짜리 건물에 다양한 브랜드가 모여 있어요. 명품부터 스트리트 패션 브랜드까지 다양하게 셀렉되어 있어 볼거리가 많습니다. 가장 위층에는 아트북 전문점이 있는데, 쉽게 찾아보기 힘든 아트북이나 패션 관련 책이 많이 구비되어 있어요.

카페 로즈 베이커리 긴자 Rose Bakery Ginza

도버 스트리트 마켓 6층에 있는 카페예요. 디저트가 너무 맛있다고 유키나가 추천하는 곳입니다. 제일 유명한 건 당근 케이크예요. 견과류가 다양하게 들어있어 맛있습니다. 디저트가 유명해서 포장해 가는 분들도 많아요.

패션 전시 에르메스 긴자 Hermès Ginza

긴자 에르메스는 1~4층에 매장, 8층에 아트 갤러리가 있어요. 저희는 전시를 보러 갔는데, 무료 관람이고 정해진 곳은 촬영도 가능해서 좋았어요. 전시는 매번 바뀌니 관심 있는 전시가 열리는 타이밍이라면 보러 가서도 좋을 거예요.

쇼핑몰 긴자 식스 GINZA SIX

긴자식스는 고급스러운 브랜드가 많이 입점해 있는 대형 쇼핑몰이에요. 식음료 매장도 고급스럽고 유명한 곳이 많이 입점해 있습니다.

긴자식스 내 스타벅스는 다이칸야마, 나카메구로 지점처럼 츠타야 서점과 같이 있어요. 음료를 구입해서 책이나 잡지를 읽으며 마실 수 있습니다. 리저브 바도 있으니 긴자식스에서 쇼핑하다가 커피가 마시고 싶다면 추천합니다.

긴자 식스 맞은편엔 유니클로 매장이 있어요. 13층 가든에서 건물이 잘 보입니다. 12층 규모로, 일본에서 가장 큰 유니클로 매장이라고 합니다.

미츠코시 긴자 Mitsukoshi Ginza

도쿄에서도 부자들이 많이 온다는 엄청 큰 백화점입니다. 명품 브랜드가 입점해 있는 것은 물론, 지하 상가에 맛있는 게 많아요.

특히 누아 드 뵈르noix de beurre라는 베이커리의 휘낭시에가 정말 맛있습니다. 유키나가 퇴사할 때 선물로 받아서 알게 됐는데, 이렇게 맛있는 휘낭시에는 처음이었어요. 저희가 갔던 날도 갓 구운 휘낭시에를 4개 샀습니다. 10개 사고 싶은 걸 참았어요.

미츠코시 근처에는 애플 스토어도 있어요. 할리우드 영화에 나올 것 같은 투명 엘리베이터가 있는 곳입니다.

사토 요스케 Sato Yosuke

우동 가게입니다. 입구 쪽에서는 선물용 우동면과 소스를 팔고 있었어요. 테이블 자리 외에도 안쪽에 다다미방 자리가 있습니다. 4~5자리 정도 있는 개인실 형태의 아늑한 좌석이었어요. 저희는 운 좋게도 이 자리에 앉았습니다.

메뉴는 온타마 츠케 우동(1300엔), 세이로 후타아지(2가지 맛, 1300엔)를 주문했어요. 온타마 츠케 우동은 따뜻한 우동이에요. 살짝만 익힌 계란에 쯔유(간장)를 넣어서 찍어 먹는 방식입니다. 쯔유 자체가 맛있어요.

세이로 후타아지는 차가운 우동이에요. 콩국물 소스와 쯔유 두 가지 소스가 나옵니다. 콩국물은 색깔만 보면 살짝

사토 요스케

트리콜로르 긴자

경험들 2 - 이번 주말의 도쿄

호불호가 갈릴 수 있을 것 같은데, 먹어보면 질리지 않고 먹을 수 있는 맛이에요. 면은 탄력이 강하고 소바와 냉면의 중간 같은 스타일입니다.

카페 트리콜로르 긴자 Tricolore Ginza

1936년부터 운영하고 있는 노포로, 완전 레트로 카페입니다. 들어갈 때부터 요즘엔 거의 보기 힘든 옛날식 회전문이 있어요. 가게 안도 앤티크한 느낌으로 역사가 느껴집니다.

1층 카운터에선 커피를 내려 주시는 것도 볼 수 있어요. 커피가 1000엔이라 비싸긴 하지만, 분위기와 맛이 좋았습니다. 커피는 일단 향이 너무 고소하고, 잘 모르는 사람이 마셔도 맛있는 커피라는 게 느껴졌어요.

저희는 에클레어도 주문해서 같이 먹었습니다. 에클레어는 안에는 촉촉하고 겉은 바삭해서 맛있었어요. 긴자에서 차분한 느낌의 카페를 가고 싶으시다면 추천합니다.

13

신바시, 히비야, 롯폰기:
현지인의 도심 일상 엿보기

신바시

신바시는 긴자와 도쿄역에서 가깝고, 오피스 빌딩이 많은 지역이에요. 긴자에서 걸어서 10분 정도입니다.

저희는 오무라이스를 먹으러 갔어요. 신바시역에서 내려서 가라스노모리 출구로 나갑니다. 나가면 바로 뉴신바시 빌딩이 있는데요, 외관이 울퉁불퉁 특이해서 눈에 띄어요. 직장인들도 점심 먹으러 많이 오는 건물입니다.

(오무라이스) (카레) 무사시야Musashiya

주말에도 줄이 긴 곳이에요. 스파게티, 카레 등 양식 종류가 많습니다. 가장 인기 메뉴는 오무라이스, 2위는 오무드라이(카레)라고 합니다. 저희가 갔을 때도 줄이 있었지만 회전율이 좋아서 10분 정도 기다리니 자리에 앉을 수 있었어요.

오무라이스(800엔)는 바짝 익힌 계란에 불 맛이 나는 볶음밥의 조화가 좋았어요. 오무드라이(800엔)는 매운 맛 조절이 가능한 카레밥에 계란이 덮여 있어요. 맵기 선택이 가능한데, 매운 맛으로 했더니 한국인이 먹기에도 매울 정도였습니다.

산처럼 쌓인 나폴리탄(케첩 베이스 일본식 스파게티)과 된장국도 같이 나오기 때문에 양이 많아요. 박씨의 직장이 신바시쪽인데, 주중에도 점심시간에 오고 싶다고 할 정도로 맛있었어요. 가성비도 좋고 맛도 정말 좋은 곳입니다.

히비야

히비야도 긴자와 가까운 번화가입니다. 히비야에는 도쿄 미드타운 히비야라는 대형 쇼핑몰이 있어요. 히비야 지역에 선 이 쇼핑몰에서 가볼 만한 곳을 소개해 드리겠습니다.

(쇼핑몰) 도쿄 미드타운 히비야

미드타운 히비야는 영화관이나 레스토랑 등도 많이 입 점해 있고, 히비야역과 바로 연결되어 있어서 접근이 편리 해요. 히비야라는 동네 특성상 쇼핑몰 자체가 넓고 고급스 러워요. 지하 1층엔 푸드 홀이 있는데, 레스토랑보다 부담 없이 들어갈 수 있어서 쇼핑하다가 쉬러 가기도 좋습니다.

쇼핑몰 내에는 인기가 많은 화장품 브랜드인 스리THREE 가 운영하는 음식점도 있습니다. '투데이스스페셜TODAY'S SPECIAL'이라는 매장은 일본 제품부터 해외 제품까지 세련된 잡화들이 진열되어 있어요. 다양한 종류의 관엽식물이나 주 방용품들이 많아서 보고만 있어도 질리지 않아요. 이 숍은 지유가오카에도 지점이 있는데, 매장 규모가 2층으로 넓으 니 참고해 주세요.

무사시야

링크 오리지널 메이커스

경험들 2 - 이번 주말의 도쿄

링크 오리지널 메이커스^{LINC ORIGINAL MAKERS}

저희가 좋아하는 헤어 오일 브랜드의 히비야 지점입니다. 향기도, 퀄리티도 좋아서 정말 추천하는 브랜드예요. 이솝^{Aesop}이랑 비슷한 가격대이지만, 매장도 2개밖에 없고 이걸 쓰는 사람들이 많지 않아서 좋아요. 선물용으로도 좋습니다.

롯폰기

롯폰기는 도쿄 남부에 있는 번화가입니다. 고급스러운 상점과 미술관 등이 모여 있어요. 저희가 가본 가게 몇 곳을 추천해 드릴게요.

한식 **수라간**^{Suragan}

롯폰기 힐즈 내에 있는 한국 음식점이에요. 롯폰기 힐즈는 고급 레스토랑과 쇼핑몰, 미술관과 영화관 등이 모여 있는 복합 문화 시설이에요. 가격이 다소 비싼 고급스러운 가게들이 많습니다. 모리 미술관과 52층에 있는 전망대도 유명하죠. 저희는 여기에서 한국 음식점에 갔어요.

런치 메뉴는 1500엔부터입니다. 스테이크 정식은 3000엔이에요. 스테이크는 와규였는데, 입에서 바로 녹는 맛이었어요. 한식 반찬도 여러 개 나와서 만족스러웠던 식사였습니다.

루프

(편집숍) 이스트네이션 ᴱˢᵀⁿᴬᵀᴵᴼⁿ

롯폰기 힐즈 내에 백화점처럼 되어 있는 편집숍입니다. 롯폰기 힐즈에 가면 들려 보시길 추천해요. 여러 브랜드의 옷을 구경하기 좋습니다.

(차) 시로이쿠로 ˢʰⁱʳᵒⁱᵏᵘʳᵒ

쇼핑을 마치고 차를 마시러 가볼까요? 롯폰기역에서 도보 7~8분 거리의 일본식 찻집입니다. 검은콩 롤케이크를 판매해요. 흑, 백 두 가지 맛이 있습니다. 흰색은 레몬맛 크림, 검은색은 크림치즈가 들어있었어요. 가게 이름 시로이쿠로는 '하얀 검정'이라는 뜻인데, 이름과 잘 어울리는 메뉴네요.

(킥보드) 루프 ᴸᵁᵁᴾ

많이 먹었으니 루프라는 앱으로 전동 킥보드를 빌려서 시내를 달려 볼까요? 전동 킥보드는 자동차 면허가 있어야 탈 수 있어요. 면허가 없으면 자전거를 빌리면 됩니다. QR코드를 찍어서 반납 장소를 선택하면 되고, 중간에 반납 장소를 변경할 수도 있어요.

저희는 아자부주반에서 나카메구로까지 킥보드로 이동했어요. 가끔은 이렇게 색다르게 이동하는 것도 재미있더라고요. 20분 거리에 600엔 정도입니다.

14

산겐자야:
젊은 세대의 '살고 싶은' 동네

산겐자야는 20~30대 젊은 층에게 인기 있는 동네입니다. 살고 싶은 동네를 묻는 설문조사에서 항상 상위를 차지해요. '산챠'라는 애칭으로도 불립니다.

실제로 도쿄에 사는 제 한국인 지인 중에도 산겐자야에 사는 사람이 여럿 있습니다. 살아 본 사람들은 밤에 술을 마실 수 있는 가게가 많아서 좋다고 이야기해요.

'시타마치'라고 불리는 작은 서민 동네 가운데서도 산겐자야는 개성 넘치는 곳으로 유명해요. 이자카야나 빈티지 숍, 개인이 운영하는 가게가 많고, 어느 골목에 가도 '도쿄스러움'이 느껴집니다. 도쿄에서 젊은 사람들이 개성 있게 살아가는 동네가 궁금하다면 산겐자야를 가보시는 걸 추천해요.

(돈가스) 돈가스 돈키 Tonkatsu Tonki

메구로에 본점이 있는 돈가스 가게입니다. 산겐자야점은 좌석이 8자리 정도 있고, 전부 카운터석이에요. 메뉴는 돈가스 정식과 단품 중 선택할 수 있는 방식입니다. 저희는 로스 하나와 히레 하나를 선택했어요.

주문하면 바로 눈앞에서 튀겨 주시기 때문에 보는 재미도 쏠쏠합니다. 돈가스가 다 튀겨지고, 잘라 주실 때부터 벌써 바삭한 소리가 나요.

돈가스는 바삭한데 튀김옷이 두껍지 않아서 부담스럽지 않게 먹을 수 있었어요. 일본 돈가스 하면 튀김옷이 바삭하고 두꺼운 걸 생각하실 텐데, 여기는 바삭하면서도 얇아서 기름지지 않아요.

정식에는 돼지고기 된장국(돈지루)이 같이 나옵니다. 이 국이 정말 맛있었어요. 국만 있어도 밥 한 그릇은 뚝딱할 수 있을 것 같습니다. 저희는 너무 맛있어서 말도 안하고 그릇을 금방 비웠네요.

정식 가격은 1900엔으로 결코 싼 가격은 아닌데, 다시 오고 싶었어요. 무엇보다 가게 주인분들이 정말 친절하세요. 시골집에 돌아가서 할아버지를 만나는 느낌이었습니다.

(레스토랑) 소프SOAP

산겐자야와 한 정거장 차이인 이케지리오하시역 근처에 또 다른 맛집이 있어요. 이케지리오하시는 메구로 운하를 통해 나카메구로와 이어지는 지역입니다. 이 가게는 운하 옆은 아니지만 주변 나무들이 다 벚나무여서 벚꽃 구경하러 오시기도 좋아요.

저희는 30분 정도 기다려서 입장했습니다. 메뉴는 파스타, 타코 라이스 등 다양해요. 저희는 명란크림파스타와 타코 라이스를 시켰어요. 둘 다 맛있게 먹었습니다.

(빵) 플랫plat

파스타 양이 조금 적어서 크루아상 가게에 왔습니다. 크루아상 만드는 장면을 눈앞에서 볼 수 있는 곳이에요. 가격은 개당 400엔으로 조금 비싼 편이지만 맛있어요. 앉아서

돈가스 돈키

소프

먹을 수 있는 자리도 있는데, 좌석이 4개뿐이라 저희는 포장했습니다.

근처에 있는 세타가야 공원으로 가지고 가서 먹었어요. 세타가야 공원은 규모가 엄청나게 큰 공원입니다. 봄에는 벚꽃 구경하기도 좋아요.

그 외에 이 근처 카페로는 산겐자야역 근처에 블루보틀이 있습니다. 도쿄에 있는 블루보틀 매장 중에는 자리도 많고, 공간도 개방적인 구조라 추천하는 곳이에요.

(헤어제품) 링크 오리지널 메이커스 LINC ORIGINAL MAKERS

히비야 편에서도 언급했던, 저희가 추천하는 헤어밤을 파는 브랜드 숍이에요. 세타가야 공원 가까이에 있습니다. 일본 브랜드고, 오프라인 매장이 몇 없는데 세타가야 지점이 본점이에요. 헤어밤 향이 정말 좋고, 흔하지 않아서 추천하는 브랜드입니다. 헤어밤 가격은 4000엔 정도지만 품질이 좋아요.

15

시모키타자와:
빈티지한 동네에서 카페 투어

시모키타자와는 라이브 하우스와 빈티지 숍이 많은 음악과 패션의 거리예요. 20대 젊은 층에게 인기가 많습니다. 거리는 레트로한 느낌으로 뭔가 옛날 추억을 떠올리게 합니다. 그러면서 요즘 느낌도 갖추고 있어요.

좁은 거리에 빈티지 옷과 레코드를 다루는 스타일리시한 가게들, 카레 맛집, 젊은 감독들의 단편 영화가 상영되는 극장까지 다양한 가게가 자리잡고 있어요. 지금 도쿄에서 어떤 일이 일어나고 있는지 잘 보여주는 로컬한 동네라 외국인에게도 인기가 많아졌습니다. 시부야에서 이노카시라 센을 타고 10분 정도면 갈 수 있어요.

'빈티지 동네'로 알려져 있는 만큼 역 바로 앞에서부터 빈티지 의류를 파는 가게를 많이 볼 수 있어요. 20대 초반의 젊은 층이 좋아하는 스타일의 가게가 많고, 가격도 저렴해서 1만 엔 정도면 몇 벌은 살 수 있습니다.

중식 민테이 Mintei

일단 점심을 먹으러 가볼까요? 역에서 2,3분 거리에 중국집이 있습니다. 야채 볶음, 볶음밥, 돈부리(덮밥)류, 정식, 라멘 등의 메뉴가 있어요. 자리는 테이블과 카운터가 있는데, 바로 앞에서 만드는 걸 볼 수 있는 카운터 자리를 추천합니다.

인기 1위 메뉴는 볶음밥 세트(850엔)예요. 볶음밥과 라멘이 반반씩 나오는 메뉴입니다. 볶음밥이 신기하게 핑크색인데, 이 가게의 시그니처라고 해요.

물만두(990엔)에는 큰 만두가 5개나 나와요. 재료로 특별한 게 들어가는 거 같진 않지만, 담백하고 부드러운 맛이었어요. 지금까지 먹어봤던 중국집 물만두 중에서 단연 최고였습니다. 양도 많은 편이에요.

(쇼핑몰) 리로드reload

밥을 먹었으니 근처를 산책해 봅니다. 리로드는 복합 쇼핑몰이에요. 20여개 상점이 모여 있는데, 최근에 유행하는 가게가 많이 들어와 있습니다. 레트로한 이미지였던 시모키타자와가 다시 '핫'해지게 만든 곳 중 하나예요. 여기에서만 꽤 오랜 시간을 보낼 수 있을 만큼 멋지고 다양한 가게들이 있습니다.

입구에는 팝업 스토어도 열리고 있었고, 요즘 핫한 곳답게 몰 자체에 사람이 꽤 많았어요. 건물은 2층까지 있습니다. 리로드 2층에는 카페와 음식점, 빈티지 숍이 많아요. '일어서면 천국ㅍてば天国'이라는 술집도 있는데, 이름 그대로 서서 마시는 곳입니다.

내부로 들어가면 흰색 톤의 공간이 멋지게 펼쳐져 있어요. 내부에서 가볼 만한 곳들을 추천해 드리겠습니다.

(향제품) 아포테케 프레그런스APFR

일본의 유명한 향기 브랜드 APFR의 유일한 플래그십

민테이

아포테케 프레그런스

경험들 2 - 이번 주말의 도쿄

스토어입니다. 40종류 이상의 향을 맡아볼 수 있고, 원하는 향을 고른 다음 그 향의 상품을 찾는 방식이에요. 디퓨저, 캔들, 핸드 소프 등 향과 관련된 상품 종류도 많았어요. 저희는 스틱 타입의 피우는 향을 구매했어요.

카페 오가와 커피 Ogawa Coffee Laboratory Shimokitazawa

교토에 본점이 있는 오가와 커피는 도쿄에서도 인기가 많아요. 시모키타자와 지점은 특히 유명합니다. 콘크리트와 나무 톤이 어우러진 인테리어가 인상적이에요.

커피는 21종의 원두가 준비되어 있는데, 좋아하는 취향을 말하면 점원분이 추천해 줍니다. 바로 앞에서 커피를 내려 줘요. 한 팀을 점원 한 분이 맡아서 계속 응대해 주는 시스템인 것 같았어요. 메뉴에 나온 원두는 전부 테이크 아웃도 가능합니다.

커피와 함께 원두의 생산국, 특징이 기재된 카드도 같이 내어 줘요. 원두 종류가 풍부해서 커피를 잘 아시는 분들은 재미있으실 것 같습니다.

카페 벨빌 브륄리 도쿄 Belleville Brulerie TOKYO

시모키타자와역 근처에 있는 카페입니다. 본점은 파리에 있는 곳인데, 일본 1호점으로 생긴 커피 스탠드예요. 원두도 팔고, 테이크 아웃도 가능합니다. 2층에는 앉아서 마실 수 있는 카페가 있어요.

오가와 커피

경험들 2 - 이번 주말의 도쿄

조용히 작업하거나 공부하는 사람이 많은 라운지입니다. 자리가 비교적 많은데, 인기가 많아서 기다려야 할 때도 있어요.

커피를 주문해서 마실 수 있고, 디저트 메뉴도 있습니다. 카페는 기타산도 쪽에서 유명한 '기타산도 커피'에서 운영하고 있었어요. 차분하고 조용한 분위기라 좋았습니다. 조용히 재충전하고 싶거나, 책을 읽고 싶을 때 가면 좋은 곳이에요.

16

가쿠게이다이가쿠:
개성 넘치는 골목

가쿠게이다이가쿠는 시부야에서 전철로 10분이 안 걸리는 위치로 접근성이 좋고, 역 주위에 상점가가 많이 위치해 있어서 살기에도 좋은 곳이에요. 체인점은 물론, 개성 있는 개인 가게들이 많이 있습니다.

요즘은 상점가의 메인 거리뿐 아니라, 골목 뒤에도 센스 있는 가게들이 많이 생기는 추세입니다. 언제 와도 숨겨져 있는 핫플을 찾는 재미가 있어요.

이자카야 하토노유 Hatonoyu

우선 점심부터 먹으러 가요. 이 가게는 이자카야지만 오전 11시 반부터 오후 2시 반까지는 런치도 판매해요. 점심 시간엔 아는 사람들만 오는 곳이라 그런지 웨이팅 없이 여유롭게 들어갔어요. 역에서 2분 거리로 위치도 좋습니다.

내부는 '고독한 미식가'에 나올 것 같은 정겨운 분위기예요. 저녁에 판매하는 메뉴가 벽에 다양하게 붙어 있어요. 술 종류도 여러가지 있어서 밤에도 와보고 싶었습니다.

런치는 밥, 된장국, 반찬 포함해서 1000엔입니다. 메인 반찬을 고를 수 있는데 저희는 가라아게와 가쿠니(돼지고기 조림) 세트를 주문했어요.

가라아게 세트엔 큼직한 가라아게가 5개나 나옵니다. 가라아게는 꼭 마요네즈를 찍어서 먹어 주세요. 가쿠니도 탱글탱글하고 부드러웠어요. 이거면 밥 두 공기는 뚝딱할 수 있을 것 같았습니다.

점심엔 혼자 먹으러 온 사람들도 많은 분위기였어요. 가볍게 들러서 먹기 좋습니다. 저희는 맛도 양도 대만족이었어요. 일본 정식을 드시고 싶으시다면 추천 드립니다.

(가구) 유 아 웰컴 YOU ARE WELCOME

빈티지 가구점을 가봤습니다. 역에서 10분 정도 거리에 있어요. 저희는 이사 준비 중일 때 인테리어도 참고하고, 예쁜 의자를 찾으면 사려고 갔어요.

들어가는 입구 찾기가 조금 어려워요. 빌딩 오른쪽 주차장으로 들어가서 언덕을 내려가면 문이 하나 있습니다. 여기로 들어가서 엘리베이터를 타고 4층으로 올라가야 해요. 가게 인스타그램에 입구에 대한 자세한 설명이 있었습니다.

이 가게에선 세계 각국의 독특한 가구 및 잡화 아이템을 판매해요. 특정 시대나 취향에 얽매이지 않는 상품들이 모여 있어서 보고 있으면 정말 재미있습니다.

전부 단 하나밖에 없는 상품들이라 가격은 저렴하지 않지만, 매력 있어요. 작은 소품들도 있으니 인테리어나 가구에 관심 있으시다면 꼭 들러 보세요.

(찹쌀떡) 타케노 토하기 Takeno tohagi

지나다 우연히 오하기(일본 전통 찹쌀떡) 가게를 발견했어요. 오하기 전문점은 처음 봐서 한번 사 봤습니다. 단팥이나 콩가루 등 심플한 맛부터 매일 바뀌는 요일 메뉴까지

하토노유

유 아 웰컴

경험들 2 - 이번 주말의 도쿄

총 7개 종류가 있어요.

이 가게는 사쿠라신마치점과 가쿠게이다이가쿠점 2개의 점포가 있다고 해요. 항상 줄 서는 인기 가게라 오후 3시쯤이면 거의 품절된다고 합니다. 저희는 2시쯤 갔는데 2종류만 남아 있었어요. 하나우메(꽃 매실) 맛은 330엔, 코코넛&레몬필 맛은 280엔이었어요.

비싼 맛은 하나에 300엔 이상 하지만, 포장도 예쁘게 해주셔서 선물하기 좋을 것 같아요. 떡 모양도 귀여웠습니다.

카페 허밍버드 커피 Hummingbird coffee

다음은 카페입니다. 메뉴는 커피, 주스 등 다양해요. 직접 만드는 케이크도 있는데, 저희가 갔을 땐 치즈, 초코, 샌드위치 케이크가 있었어요.

저희는 초코 케이크(500엔)를 주문했어요. 질감은 테린느와 브라우니 사이의 딱딱함이었습니다.

밀크커피(800엔)는 차가운 걸로 시키면 얼음 없이 차갑게 식혀서 나와요. 유키나는 여기 오면 늘 오레그랏세(850엔)를 주문하는데, 달짝지근한 우유 위에 커피가 올라가 층이 보이는 커피입니다. 맛도 좋지만, 조용하고 차분한 분위기가 좋았어요.

음반 새틀라이트 레코드 숍 Satellite Record Shop

주변을 걷다가 음반 가게도 들러 봤어요. 옛날 CD와 LP

허밍버드 커피

WR.

경험들 2 - 이번 주말의 도쿄

가 많은 곳이에요. 저희는 에디 해리스^{Eddie Harris}의 옛날 음반을 하나 샀습니다. 인테리어용이긴 한데, 들어도 좋을 것 같아요.

(가구) 도쿄 리사이클^{TOKYO RECYCLE}

도쿄에 6개 매장이 있는 도쿄 리사이클이 여기도 있어요. 빈티지 가구를 보러 들어갑니다. 이 가게는 디자이너 가구, 북유럽 가구를 많이 갖추고 있고, 다른 가구점에 비해 저렴해서 좋아요.

온라인 숍도 있으니 한번 둘러보신 다음, 마음에 드는 게 있다면 오프라인 매장에 가보시면 좋을 것 같습니다.

(카페) WR.

2022년 1월 오픈한 카페로, 웨이팅 없이 조용한 분위기였습니다. 커피는 네 종류의 원두 중에 고를 수 있는데, 좋아하는 커피 맛을 말하면 추천해 주십니다. 저희는 둘 다 에티오피아 원두로 주문했어요. 아이스 커피 가격은 500엔이었습니다.

디저트 종류도 카눌레, 당근케이크 등 다양한데 저희 카눌레를 시켰습니다. 카눌레는 토요일 한정 판매라고 해요. 겉은 쫄깃, 속은 말랑해서 맛있었습니다.

커피와 디저트 외에 수제 맥주도 판매하고 있었어요. 다음엔 맥주 마시러도 와 보고 싶었습니다.

유텐지:
옛날 동네의 카페와 빈티지 숍

유텐지는 옛날 상가들이 있어 예스러운 분위기를 느낄 수 있는 곳이에요. 가쿠게이다이가쿠에서 걸어서도 갈 수 있을 만큼 가깝습니다.

역을 나와 동쪽으로 가면 도심 같지 않게 느껴질 만큼 편안한 분위기이고, 옛날부터 영업하는 역사 깊은 가게가 많아요. 도쿄 도심이지만 시골 분위기도 느낄 수 있는 거리입니다.

유텐지엔 핫플 카페가 많아서 '카페에 가기 위해 유텐지에 간다'는 사람도 많아요. 개성 있는 빈티지 숍도 여럿 발견할 수 있어요. 저희가 가보고 좋았던 카페와 여러 숍을 소개해 드리겠습니다.

카페 커피 카로 Coffee Karo

21년 5월에 오픈했다는 카페입니다. 조용하고 아지트 같은 느낌이었어요. 여기는 유키나 혼자 가서, 카운터석에 앉았어요. 테이블석도 물론 있는데, 그렇게 넓지 않으니 2명 정도까지 함께 오시는 걸 추천합니다.

블렌드 커피(350엔), 바나나 브레드(400엔)를 주문했어요. 커피는 350엔이면 정말 저렴한데 편하게 마시기도 좋은 맛이었어요. 바나나 브레드도 촉촉하고 맛있었습니다.

서점 북 앤 손스 BOOK AND SONS

카페에서 도보 3분 거리에 있는 아트북 서점이에요. 2015

년부터 그래픽디자인 관련 책을 판매하고 있습니다. 인테리어 소품으로 방에 두어도 멋진 책들이 많이 모여 있어요.

마음에 드는 책 가격을 봤더니 1만 엔이어서 사오진 못했어요. 그래픽디자인이나 책에 관심 있는 분들은 한번 가보시면 좋을 것 같습니다. 서점 내부에 커피를 판매하는 커피 스탠드도 있어요.

(빈티지숍) 핀 FINN

지나가다가 발견한 멋진 빈티지 숍이에요. 의류는 물론 인테리어 소품들도 있었는데, 빈티지 꽃병과 오브제가 너무 귀여웠어요. 유키나는 요즘 빈티지에 관심이 많아서 여러 가지 모아서 집을 꾸며 보고 있습니다. 빈티지 소품에 관심 있으시다면 추천해요.

(카페) 커피 캐러웨이 coffee caraway

유텐지역에서 도보 3분 정도 걸리는 카페입니다. 커피가 맛있기로 유명해요. 안에서 마실 수 있는 좌석은 다섯 자리 정도로 작은 가게입니다.

매장에 퍼지는 커피 향만으로 행복해졌어요. 커피는 450엔이었습니다. 원두 종류가 정말 다양했는데, 직원분께 추천을 받아 주문했어요.

커피 캐러웨이

유텐지 역 앞에서 이어져 있는 거리(유텐지 스트리트)는 특히 빈티지 숍이 많이 모여 있는 곳이에요.

이 가게는 빈티지한 옷과 잡화를 판매해요. 저는 고급스러운 느낌이 나는 빈티지 화병, 러그에 관심이 갔어요. 러그 무늬도 빈티지 러그에만 있는 독특한 무늬들이라 귀여웠습니다. 독특하지만 멋있는 빈티지 숍이었어요.

18

후타코타마가와:
'일본 감성' 로컬 동네

경험들 2 - 이번 주말의 도쿄

후타코타마가와는 도쿄의 세타가야구에 있는 동네입니다. 시부야 등 번화가보다는 살짝 서쪽에 있는데, 타마강이 근처에 있어서 분위기가 좋아요. 잡지에서 자주 소개되는, 세련되고 살고 싶은 동네의 이미지가 있는 곳이에요. 연예인도 많이 산다고 합니다.

역 앞에는 큰 상업 시설이 있어 쇼핑이나 외식이 편리해요. 뭐든 있어서 저희도 한 번쯤 살아보고 싶다고 생각한 동네입니다. 주말엔 커플이나 가족들이 많이 놀러오는 곳이기도 해요. 역에서 살짝 떨어진 골목에는 분위기 좋은 가게들이 많습니다.

자연 풍경과 함께, 전철이 지나다니는 '일본 감성'을 느낄 수 있습니다. 너무 붐비는 도시의 소음에서 벗어나 차분한 여행을 하고 싶다면 딱 좋은 동네일 거예요.

라멘 아유 라멘 Ayu Ramen

역을 나와서 왼쪽으로 가면 타카시마야 백화점이 있고, 그 뒤쪽 골목엔 맛있는 가게들이 정말 많습니다. 중화요리집, 카레집 등 맛있어 보이는 곳이 많지만, 조금 참고 더 걸어가 주세요. 그러면 은어를 통째로 구워 넣는 라멘집이 나옵니다.

'아유'는 일본어로 은어라는 뜻입니다. 이름 그대로 은어구이가 올라간 라멘을 팔아요. 점심시간에는 항상 웨이팅이 있는데 저희는 2시쯤 가서 바로 들어갔습니다.

아유 라멘

안다 교자 후타코타마가와

경험들 2 - 이번 주말의 도쿄

런치 메뉴는 한 가지만 있고, 저희가 갔을 때는 여름 한
정인 차가운 츠케멘이었어요. 저녁 6시 이후에는 따뜻한 은
어 라멘으로 바뀝니다.

주문하면 은어를 눈 앞에서 바로 구워서 통째로 라멘에
올려 줘요. 밥이 같이 나오는데, 은어 가루가 올라가 있습니
다. 명란젓과 육수도 같이 나와서 마지막에 오차즈케(밥에
차를 부어 말아먹는 음식)를 해먹을 수 있어요.

면은 살짝 두껍고 쫄깃한 스타일이에요. 대나무 그릇에
담겨 있는 차가운 소스에 면을 찍어 먹습니다. 저희는 빨리
오차즈케를 먹고 싶어서 대화도 안하고 빠르게 면을 다 먹
어버렸네요. 면은 '오오모리'라고 해서 양을 추가해 주문할
수 있는데, 200엔이에요. 박씨는 오오모리로 먹었습니다.

오차즈케는 은어로 낸 육수에 참깨와 파를 뿌려서 먹어
요. 은어가루도 들어가니 부드럽고 담백합니다. 은어가 맛
있어서 꼭 먹어 봐야 하는 라멘이에요.

쇼핑몰 츠타야 일렉트릭스 Tsutaya Electrics

라멘을 먹고 역 앞 쇼핑몰에 갔어요. 여기 츠타야가 있
습니다. 책은 물론 최신 전자 기기, 애플 제품 등을 볼 수 있
고 스타벅스도 있어서 커피를 마시며 앉아서 책을 볼 수 있
어요.

2층도 볼 거리가 많은데요, 유료 라운지가 있어요. 1시
간 935엔으로 마실 것과 과자 등이 무한 리필됩니다. 공부

나 작업하기 좋을 것 같아요.

(카페) 카페 리제트 후타코타마가와 Cafe Lisette Futakotamagawa

쇼핑몰을 나와 디저트가 유명한 카페로 갔어요. 가게 위치는 역에서 가깝고, 내부 분위기는 레트로한 느낌으로 예뻤습니다. 맛있어 보이는 케이크도 여러 종류 있어요. 저희는 아이스 커피(650엔), 과일 타르트(680엔), 스콘 샌드(450엔)를 주문했습니다.

계절 과일 타르트엔 살구와 피스타치오가 올라가 있었습니다. 디저트가 너무 맛있어서 스콘 샌드는 추가 주문했어요. 크림치즈와 블루베리가 스콘 사이에 샌딩되어 있습니다. 진짜 맛있어서 놀랐어요.

(빵) 365 days

정말 인기 많은 빵집이에요. 요요기에 본점이 있습니다. 저희는 여기서 아침에 먹을 빵을 샀어요. '커피 허니 토스트', 여기 시그니처로 유명한 '크로칸 쇼콜라'를 샀습니다.

(만두) 안다 교자 후타코타마가와 Anda Gyōza Futako-Tamagawa

배가 너무 부르지만, 꼭 소개해 드리고 싶은 만두집이 있어요. 역에서는 걸어서 5분 정도 걸립니다. 요요기우에하라에도 점포가 있고, 만두가 유명한 가게예요.

내부는 중국 식당 같은 분위기입니다. 메인 교자는 계절에 따라 들어가는 재료가 달라진다고 해요. 메뉴는 정식, 단품 교자, 술안주, 면류 등 다양해요. 처음 보는 요리도 많았습니다. 음료 종류도 다양해요. 가게에서 직접 만든 수제 콜라 메뉴 등, 자주 보기 힘든 음료가 많습니다.

교자 세트(1100엔)에는 물만두와 돼지고기 소보로밥이 같이 나와요. 밥 밑에 돼지고기가 숨겨져 있습니다. 만두피에는 율무가 들어 있다고 하는데 약간 갈색이에요. 간이 세지 않아서 싱거울 때는 살짝 카레 맛이 나는 노란 소스를 찍어 먹으면 됩니다. 쫄깃한 만두를 좋아하시는 분들께 추천해요.

테이블 위엔 다양한 조미료가 놓여 있어요. 물만두를 찍어 먹는 소스로 중국 식초도 있었습니다. 취향대로 소스를 골라 찍어 먹으시면 돼요.

계산대 옆에는 각종 소스와 가게 캐릭터가 그려진 티셔츠도 판매하고 있었어요. 만두피에 얼굴이 그려진 귀여운 아이였습니다.

쇼핑몰 라이즈 쇼핑센터 Futakotamagawa Rise Shopping Center

여러 숍과 음식점이 모여 있어서 하루 종일 놀 수도 있을 것 같은 쇼핑몰입니다. 허먼 밀러 Herman Miller 매장이 있어서 구경만 하러 들어가 봤습니다. 직접 앉아보니 의자가 너무 좋았어요. 언젠가는 허먼 밀러 의자를 집에 들이고 싶어요.

라이즈 쇼핑센터

푸글렌 커피 로스터스

경험들 2 - 이번 주말의 도쿄

(카페) **푸글렌 커피 로스터스**FUGLEN COFFEE ROASTERS

전철로 15분 정도의 노보리토역에서 내려서 카페로 가볼게요. 타마강이 보이는 푸글렌 노보리토점에 도착했습니다. 해질녘의 타마강은 언제 와도 편안해요. 이 경치를 바로 앞에서 볼 수 있어 좋습니다.

한국분들도 좋아하시는 푸글렌인데요, 유명한 요요기 지점보다 사람도 적고 차분한 분위기입니다. 해지는 타마강을 보면서 차를 마실 수 있어요. 도쿄에서 살아보는 느낌으로 여유를 만끽하고 싶으시다면 추천하는 코스입니다.

개인적으로 푸글렌 라테는 따뜻한 게 맛있어요. 브라운 치즈 쿠키는 저희가 푸글렌에 오면 꼭 주문하는 메뉴입니다.

19

지유가오카, 쿠혼부츠,
사쿠라신마치:
주택가와 로컬다움

옛날에 지유가오카는 논과 밭밖에 없는 교외 동네였다고 해요. 철도 개통 후에 급속히 발전해서 부티크나 카페 등 세련된 숍들이 들어오고 도쿄 내에서도 제일 세련된 쇼핑 타운으로 불리며 고급 주택지로 유명해지게 됐습니다.

유명한 거리에는 '마리끌레르 거리', '메이플 스트리트', '선셋 앨리' 등 도쿄의 다른 곳과는 다르게 살짝 위화감이 드는 거창한 이름이 붙여져 있습니다.

지유가오카는 디저트로도 유명해요. 1933년에 일본에서 처음으로 몽블랑(밤을 주재료로 만드는 산 모양 디저트)을 판매한 양과자점 '몽블랑' 덕분에 지유가오카가 디저트로 유명해지고, 더 많은 가게들이 생겼기 때문입니다.

지유가오카는 쿠혼부츠, 사쿠라신마치 등 일본의 다른 로컬 동네와 비슷한 지역에 있어요. 묶어서 가실 수 있는 거리이니 함께 소개하겠습니다.

지유가오카

츠케멘 츠케멘 유이신 Tsukemen Yuishin

츠케멘 전문점입니다. 여기서 저희가 가장 추천하는 메뉴는 매운 츠케멘이에요. 850엔입니다. 면 양을 두배로 주는 오오모리는 무료였어요. 라멘집은 카드 사용이 안되는 곳이 많은데, 여기도 현금만 가능하니 주의해 주세요.

국물은 해산물 베이스인데 구수하고 깊은 맛이 나요. 면은 쫄깃한 식감입니다. 지유가오카에 오면 혼자서도 꼭 먹으러 오는 곳이랍니다. 빨간색이라 매워 보이지만, 매운 걸 잘 못 드시는 분도 쉽게 먹을 수 있는 정도의 맵기에요.

쿠혼부츠

(편집숍) **디앤디파트먼트 도쿄** D&DEPARTMENT TOKYO

디앤디파트먼트는 '롱 라이프 디자인'이라는 콘셉트로 보편적이면서 아름다운 디자인에 오랫동안 사용할 수 있는 제품들만 모아서 파는 일본의 브랜드입니다. 한국에도 디앤디파트먼트 서울과 제주가 있죠.

디앤디파트먼트 도쿄는 쿠혼부츠에 있어요. 저희는 여기를 위해 일부러 쿠혼부츠를 찾아갔습니다. 일본 전국에서 가져온 유명한 브랜드의 제품이 전개되어 있어서 재밌는 장소였어요. 식사, 카페, 인테리어 소품 쇼핑까지 여러 가지를 한꺼번에 즐길 수 있는 곳이기도 합니다.

쿠혼부츠역은 출구가 하나뿐이에요. 출구로 나오면 보이는 디앤디파트먼트 표지판을 따라 오른쪽으로 나와서 7~8분 정도 걸으면 디앤디파트먼트에 도착할 수 있어요.

'D taveru lab'은 디앤디파트먼트 내부의 카페입니다. 내부는 모던하면서도 안락한 느낌이었어요. 뭔가 한국 카페

디앤디파트먼트 도쿄

오가와 커피 사쿠라신마치점

경험들 2 - 이번 주말의 도쿄

느낌도 나네요. 저희는 여기에서 밥을 먹은 적도 있는데요, 47개 일본 지역 특산물을 사용한 메뉴가 매월 바뀌어서 여러 지역의 맛있는 음식을 맛볼 수 있어요.

음료 메뉴 중에선 커피와 스쿼시를 마셨습니다. 아이스 커피(550엔)는 안정적으로 맛있는 커피였고, 귤과 홍고구마식초 스쿼시(650엔)는 시큼해서 독특한 맛이지만 마실수록 맛있었어요.

디앤디파트먼트 1층에는 47개 지역 특산물이 판매되고 있어요. 지역 특산 맥주도 있습니다. 일본은 맥주가 맛있어서 하나씩 다 맛보고 싶었어요. 1층에는 다들 사진을 찍는 'd' 로고 앞의 포토존도 있습니다.

2층으로 올라가면 인테리어 제품, 잡화들이 다양하게 많았어요. 일본 브랜드 옷, 일본과 세계 각국에서 디자인한 세련된 인테리어 제품 등이 있었습니다. 디앤디의 오리지널 굿즈도 귀여워요.

사쿠라신마치

시부야에서 전철로 10분 정도로, 일본답고 로컬한 동네입니다. 일본에서는 일요일에 항상 방영하는 애니메이션 '사자에상'에 나오는 사자에상의 동네로도 알려진 곳이에요. 그만큼 실제 일본인들이 거주하는, 로컬한 동네라고 생각하시면 됩니다.

덮밥 소바 우동 마스다야Masuda-ya

점심을 먹으러 간 식당이에요. 이 가게는 세타가야 구를 중심으로 몇 개의 점포가 있다고 해요. 내부는 일본 느낌이 물씬 풍기는 분위기이고, 가격도 600엔대부터라서 싼 편입니다. 덴푸라 정식, 가츠동 등의 메뉴도 있네요.

저희는 덴푸라 소바(1100엔)와 나베야키 우동(1100엔)을 주문했어요. 소바에 나오는 쯔유는 진한 맛이어서 물을 살짝 넣어 줬어요. 얇고 탱탱한 면이라 바로 흡입해 버렸습니다. 소바는 매일 먹어도 질리지 않죠. 덴푸라와의 조합도 최고입니다. 새우튀김이 제일 맛있었고, 다른 튀김도 튀김옷이 적당해서 좋았어요.

나베야키 우동은 파를 올려서 먹어줍니다. 같이 올려져 오는 튀김에 국물이 잘 스며들어 있었어요. 평일에는 오오모리가 무료라고 합니다. 우동에 다시맛이 나는 계란말이도 들어있네요.

카페 오가와 커피 사쿠라신마치점Ogawa Coffee Laboratory

오가와 커피의 사쿠라신마치 지점이에요. 저희가 갔을 때 30분 정도 기다려서 입장했어요. 음식은 브런치 메뉴, 디저트로 푸딩, 파운드케이크, 토스트가 있고, 커피는 취향에 따라 원두를 골라 마실 수 있어요. 숯불 로스팅한 커피도 있었습니다. 고민될 때는 점원에게 물어보면 추천해 주십니다.

유키나는 에스프레소 샤케라토(720엔)를 주문했는데, 눈앞에서 바텐더처럼 섞어 주셨어요. 샤케라토는 에스프레소, 우유, 얼음, 설탕을 셰이커로 급랭한 음료입니다.

박씨는 니트로 커피(660엔)를 주문했어요. 아이스 커피에 효소 가스를 넣은 음료라고 해요. 거품이 마치 흑맥주 같네요. 홈메이드 푸딩(640엔)은 마스카포네 치즈를 곁들여 나와요. 살짝 딱딱하면서 많이 달지도 않고 깊은 맛이 나는 푸딩이었습니다.

여기는 특히 시간대에 따라 분위기가 달라져서 좋았어요. 아침, 점심, 저녁이 각각 다른 느낌입니다. 살짝 웨이팅은 있지만 꼭 경험해 보시길 추천해요.

20

아사쿠사:
전통적인 도쿄 경험하기

요네큐 본점

경험들 2 - 이번 주말의 도쿄

아사쿠사는 도쿄의 대표적인 관광지입니다. '센소지'라는 신사를 찾아온 외국인 관광객으로 북적이곤 해요. 센소지 근처의 거리인 나카미세 상가를 중심으로 펼쳐지는 아사쿠사는 대표적인 '시타마치(서민 동네)'이기도 합니다.

아사쿠사지, 카미나리몬, 나카미세도리, 아사쿠사 삼바 카니발 등이 대표적인 관광 명소이고, 낮술을 할 수 있는 술집도 많아요. 호피hoppy 거리, 하츠네 코지 거리 등이 이자카야가 모여 있는 거리입니다. 유명한 관광지로 오랜 기간 사람들이 많이 모여든 곳인 만큼 고급 음식도, 서민 음식도 이름난 가게名店가 많아요.

스키야키 요네큐 본점 Gyu-nabe Yonekyu

지나가다가 발견한 스키야키집이에요. 1886년 창업한, 메이지 시대부터 운영하는 오래된 가게였어요. 이렇게 오래된 곳은 카드 결제를 받지 않는 경우가 많은데, 이 가게도 마찬가지였으니 참고해 주세요.

가게에 들어가면 인원 수대로 북을 쳐주는 게 특이했어요. 내부는 일본식 다다미로 되어 있고, 신발을 벗고 들어가는 구조입니다.

스키야키 세트(2인분 6320엔)에는 와규와 야채, 달걀이 나와요. 600엔을 추가해 주문할 수 있는 특상급 고기 세트도 있었습니다. 밥은 세트에 포함되어 있지 않기 때문에 따로 주문해야 합니다. 밥 가격은 320엔이었어요. 스키야키는

갓파바시 도구 거리

경험들 2 - 이번 주말의 도쿄

간이 세니 밥을 같이 먹는 걸 추천드려요.

처음엔 점원분이 굽는 방법을 보여 주십니다. 함께 나온 계란을 풀어주고, 소스에 익힌 고기를 찍어 먹어요. 달달한 소스가 스며든 고기가 입에서 그냥 녹아 버리네요. 고기는 여러 부위가 들어가 있어서 질리지 않고 먹을 수 있었어요.

소스와 밥만 비벼 먹어도 밥 두 공기는 거뜬히 먹을 수 있을 것 같았습니다. 곤약면과 두부도 소스가 잘 배서 맛있었어요. 전반적으로 대만족한 스키야키였습니다.

나오는 길엔 계산대에서도 역사가 느껴져요. 옛날 방식 그대로 계산해 주시더라고요. 엄청 큰 영수증도 주셨답니다.

쇼핑 갓파바시 도구 거리

식기류 전문점이 들어선 곳이에요. 싼 가격에 예쁜 그릇들을 살 수 있어요. 그릇 하나당 100엔대입니다. 주방용품, 그릇을 좋아하시는 분들에겐 재밌는 장소일 것 같아요. 여기에서 저희가 추천하는 가게들을 소개해 드릴게요.

식기 후와리 FU WA RI

목재 식기류가 놀랄 만큼 다양하게 구비되어 있어요. 지하에는 북유럽 느낌의 접시도 많았습니다. 저희는 머그컵, 수저, 밥그릇 등을 구입했어요.

마지마야Majimaya

과자, 쿠키 등을 만들기 위해 필요한 도구들이 모여 있는 곳이에요. 가게 중앙엔 여러 가지 모양을 낼 수 있는 쿠키 틀이 엄청나게 많이 걸려 있는 쿠키 타워가 있어요. 여기에서 모양을 보고, 기재되어 있는 번호를 확인해 박스에서 꺼낸 후 계산하는 방식입니다.

신기한 모양의 쿠키 틀이 많았어요. 유키나는 공룡 모양 쿠키 틀(1155엔)을 샀습니다. 가격이 저렴하진 않지만, 쉽게 보기 힘든 모양이 많아서 이런 도구에 관심 많으시다면 들러 보시면 좋을 거예요.

카페 **푸글렌 아사쿠사**FUGLEN ASAKUSA

저희가 좋아하는 푸글렌의 아사쿠사 지점이에요. 요요기 본점보다 넓고 야외석도 많아서 좋았습니다. 2층에도 자리가 있어요. 내부에는 푸글렌 오리지널 원두도 팔고 있었어요. 저희는 푸글렌 중에서도 이 지점을 특히 좋아해서 여러 번 갔습니다. 낮이든 밤이든, 언제 와도 분위기가 너무 좋아요. 밤에는 칵테일 등 술 메뉴도 판매합니다.

커피 가격은 아이스 아메리카노 510엔, 아이스 라테 670엔, 핫 라테 싱글 580엔, 핫 라테 더블 690엔 정도입니다. 푸글렌은 에스프레소 샷을 조정해서 주문할 수 있어요. 특히 라테가 맛있습니다. 투명한 유리컵에 주는 것도 마음에 들어요. 커피가 정말 맛있는 것도 저희가 자주 가는 이유입니다.

아사쿠사 지점에선 노르웨이지안 와플을 판매해요. 다른 지점에선 판매하지 않는 메뉴입니다. 토핑을 골라서 주문할 수 있어요. 계란, 시금치, 소시지 토핑이 올라간 와플은 970엔, 브라운 치즈, 사워크림, 블루베리잼 토핑이 올라간 와플은 670엔이었습니다.

두 가지 메뉴 모두 맛있었어요. 별거 아닌 토핑 같지만, 하나하나가 다 맛있었습니다. 특히 브라운 치즈 토핑은 '단짠단짠'이라 중독성 있었어요. 와플은 생각보다 훨씬 쫀득하고 구수해요. 저희는 한번 먹어보고 여러 번 사먹었습니다.

주먹밥 야도로쿠 yadoroku

유명한 오니기리 집이에요. 스시집처럼 재료들이 유리 안에 진열되어 있어요. 11시에 오픈하는데, 저희가 오후 1시에 갔을 땐 다 예약이 되어 있다고 해서 오후 5시에 다시 갔습니다.

저희는 다시마, 연어알, 고춧잎, 파 이렇게 네 가지 메뉴를 주문했어요. 1개에 약 300엔부터의 가격인데, 연어알은 750엔 정도 했어요.

막 나왔을 때는 밥이 따뜻해서 김의 고소한 냄새가 퍼집니다. 연어알 주먹밥엔 연어알이 넉넉히 들어있어요. 연어알 맛이 그냥 스시집에서 파는 것과는 차원이 달랐습니다. 파(네기) 오니기리에는 파와 유부가 들어가 있는데, 간장 소스로 양념되어 있어서 맛있었어요.

푸글렌 아사쿠사

야도로쿠

경험들 2 - 이번 주말의 도쿄

네 가지 메뉴 다 맛있어서 금방 흡입해 버렸습니다. 안에 들어가는 재료가 큼직큼직하고 신선해서 일반적인 오니기리와 달랐어요. 밥과 김의 소금간도 딱 좋았습니다.

같이 나오는 단무지도 맛있는데, 따로 젓가락은 제공되지 않아요. 그냥 손으로 집어 먹는 스타일이었습니다.

된장국은 따로 주문할 수 있어요(374엔). 미역, 바지락, 나메코(버섯) 3종류 중 고를 수 있습니다. 오니기리와의 조합이 너무 좋아서, 꼭 같이 드시는 걸 추천해요.

(명소) 나카미세도리

아사쿠사 역과 센소지가 연결되는 나카미세도리에는 먹거리, 지역 특산품 등 다양한 가게가 늘어서 있어요. 길거리 음식도 다양하니 좋아하는 메뉴를 골라 드셔 보세요. 저희는 여기 가면 아게만쥬(튀김만두), 닝교야키(인형 모양 팥빵), 메론빵 아이스크림 등을 먹곤 합니다.

(몬자야키) 츠쿠시 Tsukushi

몬자야키와 오코노미야키가 유명한 가게입니다. 토핑은 자유롭게 고를 수 있고, 가격대는 700~1000엔 정도예요. 철판구이 전문점이라 다른 철판 메뉴도 맛있어 보였는데, 저희는 기본 몬자야키를 먹었어요.

몬자야키는 한국 분들에게 오코노미야키보다는 낯선 메뉴인데요, 철판에서 재료를 볶다가 묽은 반죽을 부어 구워

나카미세도리

먹는 요리입니다.

몬자야키를 주문하면 먼저 철판에 참기름을 두르고 여러 재료들을 볶아요. 어느 정도 익었을 때 가운데에 구멍을 만들어서 반죽물을 붓습니다. 계란을 넣고, 섞어서 더 구워주면 완성입니다. 철판에서 바로 작은 주걱으로 떠먹어요. 엄청 뜨거우니 드실 때 조심해야 합니다.

(명소) 아사히 맥주 빌딩

아사쿠사는 스미다 강변에 위치한 지역인데요, 강 건너편에 아사히 맥주 본사가 있어요. 100주년을 기념해 맥주 거품을 이미지화한 오브제도 설치되어 있습니다. 이 건물 바로 옆에서 크래프트 비어를 마실 수 있어요. 1층은 비어 가든, 2층은 고기 전문점이 있습니다.

(수제맥주) 도쿄 스미다가와 브루잉

1층에 있는 비어 가든입니다. 아사히맥주에서 운영해요. 한정 양조 수제맥주를 마실 수 있는 곳입니다. 맥주 종류가 꽤 많았어요. 가게 이름이기도 한 '도쿄 스미다가와 브루잉'은 도쿄의 스미다강에서 태어난 지역 맥주라고 합니다. 이런 특별한 맥주들을 마실 수 있어요.

저희는 살사&칩스(450엔)와 바이젠(750엔), 비터 스타우트(700엔)를 시켰어요. 엄청 부드럽고, 목 넘김이 일반 맥주와 아예 다른 느낌이었습니다.

헤이든 도쿄

경험들 2 - 이번 주말의 도쿄

미즈구치 식당 Mizuguchi Shokudo

박씨가 회식으로 갔다가 맛있었다고 해서 다시 가게 된 곳이에요. 로컬 느낌이 매우 풍기는, 식사와 술집을 같이 하는 가게입니다. 자리는 2층까지 있어요.

메뉴 중 마파두부(630엔)는 두부를 으깨서 만든 게 독특합니다. 처음 먹었을 때 감동을 느낄 정도였어요. 고기 맛과 불맛이 잘 배어 있어서 자꾸 들어갑니다. 유키나는 이제까지 먹어본 마파두부 중에 가장 맛있다고 했어요. 술 안주로도 먹기 좋습니다.

돼지고기 튀김(미즈구치 오리지널, 630엔)은 돼지고기와 양파를 돈가스 소스에 볶은 심플한 요리지만, 불맛도 적당히 나고 맛있었어요.

참치 사시미도 주문했는데, '1300엔에 이렇게 두꺼운 참치를 먹을 수 있다니' 싶었습니다. 맛도 있었어요. 타마고야키(계란말이, 580엔)도 간장을 뿌린 무즙과 같이 먹어 줬습니다. 일본 계란말이답게 살짝 단맛이 있어요.

카페 **헤이든 도쿄**haydEn tokyo

핫한 카페도 가봤습니다. 이곳은 간판이 없고, 인스타그램 계정(@hayden_tokyo)에서 영업 정보를 확인한 후 방문해야 해요. 일이나 공부를 할 수 있는 공간도 있어서 밖에서 보면 카페라는 걸 모를 수도 있을 것 같아요. 공간 내에는 시기별로 다른 작품이 전시된다고 합니다.

21

쿠라마에:
도쿄의 브루클린

경험들 2 - 이번 주말의 도쿄

쿠라마에는 사무실이 있는 건물과 작은 가게들이 혼재하는 개성 있는 동네입니다. 스미다강변에 위치하며 '장인의 거리'라는 별칭도 가지고 있어서, 미국의 브루클린과 비슷하다고 '도쿄의 브루클린'이라고도 불려요.

요즘은 핫한 카페와 잡화점이 늘어나고 있어 도쿄 내에서도 주목받고 있는 지역입니다. 최근 도쿄에선 누구나 다 아는 유명한 장소보다는 개성 있는 문화를 발신하는 곳이 떠오르는데요, 여기에 딱 맞는 곳이 쿠라마에입니다.

쿠라마에엔 창고나 옛날 건물들을 개조해서 만든 카페, 음식점 등이 많아요. '오샤레(멋을 냈다는 뜻의 일본어)'한 장소라고도 하는 세련되고 멋진 곳들이 역 근처 곳곳에 숨어 있습니다. 작은 은신처 같은 곳들도 있으니 역 주변을 산책하면서 좋아하는 가게를 찾아보세요. 아사쿠사에서 가깝고, 매력적인 장소가 많기 때문에 아사쿠사 관광할 때 같이 가보셔도 좋습니다.

(햄버거) 맥린 올드 버거 스탠드 McLean OLD BURGER STAND

쿠라마에역 A7출구에서 도보 1분 정도면 갈 수 있는 햄버거집이에요. 인기가 많은 곳이라, 저희가 갔을 땐 30분 이상 기다렸습니다.

자리는 1층에 카운터석이 있고, 2층 좌석도 있어요. 1층은 일부가 커피 스탠드로 되어 있어서 커피를 주문해 놓고 줄서는 분들도 많았습니다. 저희는 마침 1층 카운터 자리로

맥린 올드 버거 스탠드

프롬 아파르

안내 받아서, 음식을 기다리는 동안 핸드드립 중인 커피를 구경할 수 있었어요.

저희는 아보카도 치즈 버거(1380엔), 치즈 버거(1210엔)를 주문했어요. 올드 버거 스탠드라는 이름답게, 클래식한 미국 햄버거 느낌이었습니다. 토요일 한정 핫 칠리 치즈 버거(1530엔)는 매콤한 걸 좋아하는 사람에게 딱이었어요.

햄버거는 같이 나오는 종이에 싸서 먹어요. 숯불로 구운 고기의 육즙이 너무 맛있었어요. 생각보다 전혀 느끼하지 않아서 두 개도 먹을 수 있을 것 같았습니다. 감자튀김도 엄청 두꺼워서 씹는 맛이 좋았어요. 텐푸라 버거도 유명하다고 하는데, 꼭 먹어보고 싶네요.

저희는 먹고 나서 바로 앞의 스미다 강변을 산책했습니다. 전망대가 있는 초고층 건물인 스카이트리도 스미다 강변에서 보이네요. 강변엔 '야카타부네'라고 해서 배에서 이자카야 느낌으로 술을 마실 수 있는 곳들도 있었어요.

타와라쵸

타와라쵸는 쿠라마에와도 가깝고, 예쁜 카페들이 많은 동네입니다. 조용한 거리와 귀여운 잡화점이 많은 동네였어요. 들러 볼 만한 가게들을 소개해 드릴게요.

도자기 툴 숍 노보리 Tool Shop Nobori

지나가다가 발견한 그릇 가게입니다. 일본 도자기가 많아서 한국분들에게도 추천하고 싶어요.

카페 프롬 아파르 from afar

역에서 3분 정도 걸으면 도착하는 카페입니다. 웨이팅이 있었지만, 넓고 자리가 많아서 5분 정도만 기다리고 들어갈 수 있었어요. 가게 인테리어는 빈티지한 느낌으로 멋있었어요. 비치되어 있는 책이나 잡지는 자유롭게 읽어도 된다고 하네요.

드립 커피(550엔), 카페라테(550엔), 푸딩(500엔), 호지차 테린느(550엔)를 주문했어요.

푸딩은 사이즈가 꽤 컸어요. 너무 달지 않고 어른스러운 맛 푸딩이라 오히려 더 맛있었습니다. 테린느는 생각보다 딱딱해서 갸토 쇼콜라에 가까웠어요.

맛도 분위기도 좋아서 한번 오면 오래 머물 것 같은 카페였습니다. 조명도 어두워서 아늑했어요. 이 카페는 위에서 소개한 '툴 숍 노보리'와 같은 회사에서 운영하는 가게라고 해요. 이 주변에 몇몇 점포를 운영하고 있다고 합니다.

카페 가부키 kabuki

커피와 초콜릿을 파는 가게예요. 입구가 작아서 찾기 힘들지만, 갈색 벽을 보고 찾을 수 있었어요. 카페는 2층으로 되어 있는데, 1층에선 주문을 하고 2층에선 앉아서 먹는 방식이었습니다. 1층엔 포장용 원두와 초콜릿도 판매하고 있었어요.

제가 갔을 때는 테이크아웃만 된다고 해서 원두만 구매했어요. 고민하고 있었더니 점원분이 친절하게 설명해 주셔서 맛있어 보이는 원두 사기에 성공했어요.(100그램 900엔) 가족에게 선물했는데, 다들 극찬하는 맛이었습니다.

22

오다이바, 도요스, 츠키지:
바다 보러 도쿄

이번 챕터에서는 바다와 가까운 도쿄 동쪽의 지역들을 소개하겠습니다. 도심에서 바다를 볼 수 있는 오다이바와 도요스, 수산시장이 있는 츠키지를 함께 다룹니다.

오다이바

오다이바는 도쿄 도심에서 바다의 전경을 즐길 수 있는 관광 스폿입니다. '아쿠아시티 다이바' 같은 대형 복합 상업 시설 외에도 후지TV 본사 빌딩 등 다양한 시설이 있어서, 쇼핑과 데이트를 하기에 정말 좋은 장소입니다. 오다이바에 도착하면 가장 먼저 관람차가 보입니다. 오다이바의 상징이죠.

도쿄 현지인들은 오다이바 하면 쇼핑을 떠올리는 편이긴 하지만, 실제로 오다이바 지역에 가보면 걷기나 조깅을 즐기는 사람들의 모습도 자주 볼 수 있어요. 그만큼 도쿄도민들이 휴식처로 많이 방문하는 곳입니다.

오다이바에서 쇼핑도 즐기고, 바다를 바라보며 쉬면서 밤에는 야경을 보는 건 어떨까요? 저희가 가보고 좋았던 곳들을 소개해 드릴게요.

(파스타) **투 더 허브스**TO THE HERBS

후지TV 건물 옆으로 걸어가면 바다 바로 옆에 아쿠아시티라는 쇼핑몰이 있어요. 다이바역에서 5분 정도밖에 안 걸립니다. 전체적인 분위기는 가족끼리 함께 즐길 수 있는 곳이 많아 보였어요. 영화관도 있고요.

아쿠아시티 내에서 바다를 한눈에 보며 파스타를 먹을 수 있는 식당에 다녀왔습니다. 이곳 테라스는 경치가 정말 좋아요. 저희가 갔을 땐 날씨가 좋아서 테라스 자리에 앉았는데, 신의 한 수였습니다.

밤에 오면 야경도 훨씬 예쁘게 보일 것 같아요. 테라스 자리도 비교적 많고, 난로도 구비되어 있어서 날이 조금 쌀쌀해도 괜찮을 것 같습니다.

저희는 먼저 기린 생맥주(480엔)와 참치가 들어간 탈리아타(930엔)를 주문했어요. 맥주 안주로는 최고의 메뉴가 아닐까요? 맥주와 먹기 너무 좋았습니다.

피자(1420엔), 어린 닭 크레송 크림 파스타(1520엔)도 주문했어요. 파스타 면은 넓적한 탈리아텔레였고, 크림 파스타인데도 느끼하지 않고 담백했습니다.

바다를 보면서 먹으니 맛이 2배로 느껴져요. 바다 경치를 즐길 수 있으면서도 캐주얼한 가게가 생각보다 많지 않으니, 오다이바에 오시면 꼭 들러 보세요.

라멘 도쿄 라멘 국기관 마이

파스타를 먹고 아쿠아시티 안쪽을 조금 더 둘러봤어요. 이곳은 맛있는 라멘집을 모아 놓은 일종의 라멘 편집숍이에요. 아쿠아시티 5층에 있습니다. 좋아하는 종류를 골라서 먹

투 더 허브스

카시카

경험들 2 - 이번 주말의 도쿄

고 싶은 데로 가면 됩니다.

삿포로에서 유명한 '삿포로 미소노'라는 가게도 들어와 있어요. 인스타그램에서 자주 보이는 가게입니다. 그 외에도 이시카와현의 돈코츠 라멘, 큐슈의 하카타 라멘, 사이타마현 가와고에시의 츠케멘 등등 전국 각지의 유명한 라멘집이 모여 있어요.

아쿠아시티 구경을 마치고 저희는 지난 화에서도 소개해 드렸던 루프Luup 킥보드를 타고 카페까지 갔어요. 오다이바 거리는 길이 넓어서 상쾌하게 달릴 수 있었어요.

카페 잡화 **카시카**CASICA

신키바역에서 도보 2분 정도 걸리는 이 가게는 카페 겸 숍이에요. 숍에서는 세계 각국에서 온 라이프스타일 제품, 생필품과 다양한 식물들을 판매하고 있었습니다.

내부 인테리어는 살짝 빈티지한 느낌이 마음에 들었어요. 카페 쪽 인테리어는 오래된 한약방의 모습을 표방했다고 해요. 커피 바 뒤에 있는 선반에 진짜 약초들이 진열되어 있었습니다.

식사 메뉴는 정식이나 카레가 메인이고, 디저트와 음료도 종류가 아주 많았어요. 특히 차는 처음 보는 종류도 많더라고요.

저희는 바나나 파운드 케이크(500엔), 골든 스파이스 커피(520엔), 라테(560엔)를 주문했습니다.

바나나 파운드는 바나나 맛이 꽤 진해서 맛있었어요. 먹다 보니 1개로는 부족해서 귤 파운드 케이크도 추가 주문했습니다. 골든 스파이스 커피는 강황과 꿀이 들어간 생크림이 올라가 있어서 독특한 풍미가 있었어요.

커피와 디저트를 먹고 나서 소품숍을 구경했어요. 가게 안쪽에는 멋진 빈티지 러그도 있었습니다. 심플한 것부터 화려한 것까지 종류가 많았어요. 너무 예뻐서 갖고 싶었지만…. 가격이 10만~40만 엔 정도였습니다. 언젠간 살 수 있겠죠?

귀여운 도자기들, 유리잔, 스케치북, 선인장 화분까지 다양한 잡화가 있었어요. 유키나는 결국 인테리어용으로 빈티지한 아저씨가 그려져 있는 조금 이상한(?) 스케치북을 샀습니다.

빈티지한 액자와 포스터들도 저희 취향이었어요. 전체적으로 좋은 물건들이 많아서 한번 둘러보시기를 추천합니다.

도요스

도요스 역시 오다이바 근처, 바다와 가까운 지역이에요. 여기에는 야외 바비큐장이 있어서 친구들과 바다를 보면서 고기를 구워 먹으러 갔습니다. 전철을 타고 도요스 역으로 이동했어요.

(쇼핑몰) **라라포트 TOKYO-BAY**

역 근처에 있는 대형 쇼핑몰인데요, 간단히 밥을 먹고, 장을 볼 겸 들렀습니다. 저희는 'RHC CAFÉ'에서 밥을 먹었어요. 바다가 보이는 카페로, 편집숍 내부에 있습니다. 양념 감자튀김, 샐러드 등 식사 메뉴도 판매해요.

밥을 먹고 쇼핑몰을 둘러보다가 장을 봤어요. 바베큐에 사용할 고기와 곁들일 양파, 상추, 술 등을 샀습니다. 5인분을 구매했는데 13000엔 정도 나왔네요.

장보기를 끝내고 바비큐장으로 갑니다. 유리카모메라는 모노레일을 타고 시죠마에역으로 갔어요. 저희도 3년만에 타는 모노레일이라 기분이 좋아졌어요. 운전자 없이 기차가 움직여서 신기합니다.

(바비큐) **THE BBQ BEACH in TOYOSU**

바다가 보이는 바비큐장인데요, 1인당 1500엔에 빌릴 수 있어요. 저희는 각자 500엔을 더 내고 좋은 자리를 빌렸습니다. 웹 페이지에서 예약 후 가시는 게 좋아요.

식재료만 사오면 바베큐 장비들은 다 준비되어 있어요. 젓가락이나 접시, 소스도 구비되어 있었습니다. 바비큐를 하는 곳 분위기가 비치 리조트 같은 느낌이에요. 해질녘이 되면 정말 예쁠 것 같습니다.

저희는 소고기부터 미디엄 레어 정도로 구워서 맛있게 먹어줬어요. 삼겹살도 굽고, 새우와 오징어는 버섯, 양파, 마

THE BBQ BEACH in TOYOSU

경험들 2 - 이번 주말의 도쿄

늘을 넣고 감바스 느낌으로 호일구이를 만들었어요. 예쁜
경치를 보며 바비큐를 해먹을 수 있으니, 도쿄에서 조금 색
다른 경험을 해보고 싶다면 추천합니다.

츠키지

1953년부터 2018년 후반까지 츠키지에는 세계적으로
유명한 수산물 시장이 있었어요. 도매 거래가 이루어지는
장내 시장과, 일반 소비자를 대상으로 하는 장외 시장이 모
두 운영됐습니다.

장내 시장은 현재 도요스로 이전했지만 츠키지에 남은
장외 시장은 예전과 다름없이 활기가 넘치는 곳이에요. 도
쿄만에서 가깝고 긴자에서 도보 10분 정도면 갈 수 있는 츠
키지 지역은 여행객들이 꼭 방문하고 싶어 하는 장소기도
합니다.

츠키지에서는 장외 시장 주변 음식점에서 신선한 초밥
조식을 즐기거나 해산물, 조리기구, 식기류와 색다른 선물
등을 쇼핑할 수 있습니다.

시장이 아침 일찍 열기 때문에, 일찍 갈수록 신선한 해
산물을 맛볼 수 있어요. 도쿄 현지인들에게도 인기가 많습
니다. 저희도 신선한 해산물을 위해 평소보다 일찍 일어나
서 가봤어요.

(해산물덮밥) **카이센동 마루키타 1호점** Marukita

여기서 점심을 먹었어요. 츠키지 안에 2호점, 3호점도 있다고 하네요. 내부에 들어가면 카운터나 테이블석을 선택할 수 있어요. 저희는 카운터석에 앉았습니다. 카운터석에 앉으면 음식이 만들어지는 모습을 눈앞에서 볼 수 있어요.

해산물 돈부리(덮밥)가 메인인데, 종류가 굉장히 다양하더라고요. 카이센동(2420엔), 마구로 잔마이동(2420엔)을 시켰습니다. 카이센동은 여러 해산물이 함께 올라가는 시그니처 메뉴예요. 참치, 새우, 연어 등등 해산물이 신선해 보입니다. 살이 엄청 두꺼워서 맛있어 보여요.

카이센동 먹는 법은 먼저 와사비 간장을 만들어서 밥 위에 부어 주는 거예요. 해산물과 밥을 같이 먹어 줍니다. 해산물이 입안에서 금방 녹아내릴 만큼 신선했어요. 달달한 타마고야키(계란말이)도 올려 나오는데, 유키나는 이 계란을 정말 좋아해요. 어린이 입맛이라 계란만 먹어도 맛있습니다.

다음은 츄도로(참치 뱃살)가 들어간 덮밥. 기름기가 많아서 정말 맛있었어요. 고기를 먹는 듯한 식감이었습니다. 전체적으로 양도 적당히 많아서 만족스러웠어요. 서비스로 주신 된장국도 맛있고요.

(계란말이) **야마쵸** Yamachō

배가 엄청 부르지만, 꼭 한 번 먹어보고 싶었던 타마고야키(계란말이)집으로 가봅니다. 100엔이라 부담없이 사먹을 수 있는 가격이에요. 맛은 스시집에서 나오는 계란 맛 그 대로입니다.

23

기요스미시라카와:
커피와 예술이 있는 서민 동네

클랜 바이 더 리버

풀드포크 버거(아래쪽)

경험들 2 - 이번 주말의 도쿄

기요스미시라카와는 스미다강 너머 동쪽에 있는 지역입니다. 이전에는 도쿄의 변두리 지역 정도로 인식됐었지만, 지금은 젊은 층의 주목을 받고 있는 지역이에요.

이전부터 미술관과 갤러리가 많아 잘 아는 사람들 사이에서는 '예술의 거리'로 나름대로 인기가 있었던 지역이기도 합니다.

최근에 주목받기 시작한 것은 '카페 동네'로 불리면서부터인데요, 미국에서 온 '블루보틀 커피'와 뉴질랜드의 '올프레스 에스프레소' 등 일본 국내외 유명한 로스터리roastery 카페가 속속 문을 열었어요. 그러면서 사람들을 끌어모았고, 핫한 카페가 모여 있는 동네로 소문이 났습니다.

곳곳에 힙한 카페가 있지만, 길거리는 도쿄의 전형적인 시타마치(서민 동네) 모습을 하고 있는 기요스미시라카와를 소개해 드릴게요. 도쿄 중심부에서 살짝 떨어진 옛날 번화가를 느끼고 싶으신 분, 커피를 좋아하시는 분들께 추천합니다.

(레스토랑) **클랜 바이 더 리버**CLANN BY THE RIVER (PITMANS)

햄버거, 카레 등 여러 가지 메뉴를 판매하고, 밖에서 먹을 수 있는 자리도 있는 곳이에요. 식당이 있는 동네는 거리가 조용하고 살기 좋아 보이는 곳이었습니다. 가게에서 눈앞에 스미다강이 한눈에 들어오네요.

저희가 갔을 때는 웨이팅이 앞에 3팀 정도 있어서 이름을 쓰고 테라스에서 대기했어요. 판매하는 점원 분이 권유하셔서, 기다리면서 맥주를 한잔 사 마셨습니다. 블루문 맥주(800엔)였는데 강가를 눈앞에 두고 마시니 보통 맥주보다 3배는 맛있었답니다. 기다리는 시간이 엄청 짧게 느껴졌어요.

식사는 매장 내에서 먹었습니다. 내부에 좌석이 많아서 카페로 이용하기에도 좋을 것 같아요. 메뉴는 스마트폰으로 QR코드를 찍어서 볼 수 있어요. 저희는 샐러드와 스프가 세트로 나오는 런치메뉴로 주문했습니다.

야키카레(1200엔)는 비프카레에 계란과 치즈가 올라가 있었어요. 안에 밥은 특이하게 잡곡밥입니다. 철판 그대로 나와서 엄청 뜨겁네요.

텍사스 풀드포크 버거(1400엔)는 인기가 제일 많은 메뉴라고 해요. 주변 손님들도 거의 다 풀드포크 버거를 주문하고 있더라고요. 함께 나오는 얇은 감자튀김이 아주 바삭바삭합니다. 고기가 많이 들어가 있어서 남자가 먹기에도 충분한 양이에요. 특이하지만, 육즙이 풍부해서 맛있었어요.

(공원) **키요스미 공원**

근처를 지나가다가 너무 좋은 공원을 발견했어요. 저희는 바닥에 앉아서 단풍을 즐기기로 했습니다. 12월 초에 갔는데도 단풍을 볼 수 있어서 행복했어요. 사람도 별로 없고, 숨어 있는 좋은 장소라서 근처에 가셨다면 들러 보시길 추천합니다.

(미술관) **도쿄도 현대미술관**

15분 정도 걸어서 현대미술관에 갔어요. 기획 전시 2개를 세트로 볼 수 있는 티켓도 있습니다. 2000엔이었는데, 두 전시 다 재밌어서 돈이 아깝지 않았어요.

저희가 봤던 첫번째 전시는 EUGENE STUDIO의 'After the rainbow' 였어요. 바닥이 살짝 물로 채워져 있는 '바다정원'이라는 작품을 봤는데, 전시회장에서 물로 채워진 작품을 접한 건 처음이라 뭔가 오묘하고 신비로운 느낌이었어요.

사진에 있는 작품은 스탠리 큐브릭의 영화 스페이스 오딧세이 마지막 장면에 나오는 방을 부수고 태워서 재현했다고 해요.

두 번째 전시는 크리스찬 마클레이였는데, 청각과 시각을 합친 작품이 많았고 '보는 것이 곧 듣는 것'임을 전하려고 했다고 하더라고요.

사진, 영상도 자유롭게 찍을 수 있고, 두 개의 전시를 한 번에 볼 수 있어서 좋았어요. 현대미술에 관심 있는 분이라면, 전시 일정을 확인하고 들러 보셔도 좋을 것 같아요.

도쿄도 현대미술관

경험들 2 - 이번 주말의 도쿄

준서, 유키나
인터뷰

'도쿄에 박키나'는 한국인 남편 준서, 일본인 아내 유키나가 함께 운영하고 있는 유튜브 채널입니다. 도쿄에 살면서 매주 주말 맛집, 패션·인테리어 숍, 카페 등 다양한 핫플레이스들을 탐방하며 영상에 담아내고, 추천하고 있어요.

　　패션 업계에서 일했던 유키나, 패션에 관심이 큰 준서 님은 도쿄가 유니크한 패션만큼 독특한 문화도 많은 곳이라고 말합니다. 그 안에서 나만의 취향을 반영해 다양한 장소를 경험할 수 있다는 거죠.

취향을 찾는 즐거움

두 분에게 도쿄는 어떤 도시인가요?
한 마디로 설명한다면 뭐라고 할 수 있을까요?

(유키나) 개성이 넘치는 도시. 도쿄는 지역에 따라 특징이 많이 달라져요. 동네 전체의 분위기, 가게들, 사람들의 패션과 성격까지도요. 예를 들어 하라주쿠는 패션으로 세계적으로도 유명해요. 일본인인 저도 갈 때마다 자극을 받을 정도로 개성 있는 패션을 즐기는 사람이 많아요. 또, 카페나 음식점도 그 거리의 개성을 살린 곳이 많아요. 그래서 일본 국내뿐만 아니라 해외에서도 도쿄에 관심을 많이 갖는 것 같고요.

(준서) '일류'가 넘치는 도시. 도쿄에 살다 보면 이곳의 사

람, 상품, 서비스들이 최고 수준이라고 느낄 때가 많아요. 꿈을 향해 노력하는 사람, 더 높은 곳을 보며 꾸준히 열정을 쏟는 사람들을 많이 보게 돼요. 그래서 저도 자극을 받고, 항상 노력하게 되는 것 같아요. 여러 방면에서 많은 정보를 입수할 수 있고 의지와 행동력만 있으면 바로 움직일 수 있는 것도 도쿄의 매력이에요.

주말마다 여행하듯 도쿄를 다니시는데요.
언제부터 이런 루틴을 시작하셨나요?

주중엔 일을 하고 있는 저희에게 가장 중요했던 질문이 '어떻게 하면 주말을 알차게 보낼 수 있을까'였어요. 소중한 시간을 더 즐겁게 보내고 싶었거든요. 또, 저희는 취미나 좋아하는 것이 비슷해요. 취향에 맞는 장소를 방문하고, 좋아하는 것들을 보고 경험하는 것이 즐거웠죠. 다니다 보면 단골이 되는 가게도 있고 발길을 끊게 되는 곳도 있는데, 여기에 취향이 반영되는 것 같아요. 매주 다른 곳을 발굴하는 재미도 있고요.

내가 사는 도시에서 주말마다 좋은 곳을 찾아다니는 것도
쉽지 않은 일인 것 같아요.

준서 이왕 외국에 사는 김에 그 도시의 장소들을 마스

터해 간다는 성취감이 있더라고요. 유튜브 채널을 운영하다 보니 시청자분들이 보내 주시는 댓글이나 DM도 지속해 나가는 데에 큰 힘이 됐어요. 저희 덕분에 좋은 여행을 했다고 해주실 때 가장 뿌듯해요.

유행보다 나다움

유튜브는 어떻게 시작하게 되셨어요?

(준서) 처음엔 단순하게 도쿄에 사는 한국인의 일상이 궁금한 분들이 있지 않을까 하는 생각으로 유키나에게 영상을 찍어 보자고 제안했어요. 인스타그램 같은 SNS보다는, 지금의 도쿄를 더 생생하게 보여줄 수 있는 플랫폼이라고 생각해서 유튜브를 선택했고요. 처음엔 시행착오도 많았지만, 조금씩 저희 색깔을 만들어 가는 게 보람도 있고 재밌더라고요.

유튜브를 시작하고 나서 달라진 점이 있으세요?

(유키나) '맛집' 찾기 전문가가 돼 버렸어요. 음식점뿐 아니라 카페, 옷 가게까지도요. 발품을 팔며 '찐' 맛집을 찾아다니다 보니 어떤 곳이 진짜로 좋은지 판단하는 능력도 생겼고요.

또, 유튜브도 하나의 커뮤니티다 보니 여러 분야의 사람들을 만날 기회가 생겼어요. 좋은 기운을 주시는 분들을 만나게 되고, 배우는 점도 많아서 기쁘더라고요.

두 분 다 패션에 관심이 많으신 것 같아요.
각자 관심을 갖게 된 계기가 있으셨나요?

(유키나) 고등학생 때 빈티지 의류에 관심을 갖고, 패션 잡지를 읽게 된 게 계기였어요. 대학을 졸업하고 나서는 디자이너 브랜드에 취직했어요. 역사나 소재 등을 더 깊게 배우면서 패션을 다른 관점에서도 즐길 수 있게 됐어요.

(준서) 저는 유행을 따라가는 것보다는 남들과는 다른 것에 중점을 두는 편이에요. 그러다 보니 자연스럽게 여러 가지 스타일을 시도해 보면서 패션에 관심을 가지게 되었어요. 도쿄의 다양한 패션 스타일과도 영향을 주고받는 것 같고요. 도쿄는 패션 분야에 있어서 배울 점이 정말 많은 도시라고 생각해요. 도쿄에 살고 싶다는 생각을 하게 된 이유 중하나도 패션이에요.

'대도시의 여행지'가 아닌 관점으로 보는 도쿄

**패션에 대한 관심이 여러 장소들을 찾아다니는 데에
도움이 되거나, 연결되는 부분이 있을 것 같아요.**

(준서) 패션, 음식, 카페, 인테리어 등은 모두 연관되어 있다고 생각해요. 예를 들어, 빈티지 패션을 좋아하는 사람은 옛날 정서가 묻어나는 장소와 음식들을 좋아하는 경우가 많죠. 저 역시 비슷해요. 도쿄에는 유니크한 패션뿐 아니라, 장소들도 많아요. 패션에서 남들과 다른 것을 추구하다 보니, 누구나 가는 인기 많은 가게보다는 사람들이 잘 모르는 특별한 곳을 찾게 되더라고요.

도쿄에 대해 사람들이 오해하고 있는 부분이 있나요?

(준서) 가끔 친구들이 놀러 오면 '서울이랑 비슷하다'거나 '생각보다 할 게 없다'고 할 때가 있어요. 이런 생각이 드신다면 도쿄를 단순히 '대도시의 여행지'가 아닌 다른 관점으로 보는 걸 추천하고 싶어요.

물론 여행지로서도 유명한 도시지만, 관광지보다는 구석구석에 재밌는 요소가 많거든요. '시타마치(오래된 서민 동네)' 탐방이나 빈티지 여행 등의 테마를 잡아 보면 또 다른 색깔의 도쿄를 즐기실 수 있을 거예요.

도쿄에 언제까지 살고 싶으세요?

저희는 지금은 회사를 다니고 있지만, 최종적으로는 사업으로 하고 싶은 일을 직접 해보고 싶어요. 도쿄는 여러 분야에서 시장도 넓어서 일할 기회가 많다고 느껴요. 일을 계속하는 한, 도쿄에 계속 살 생각입니다.

두 분이 지금 도쿄에서 가장 좋아하는 지역은 어디인가요?

(유키나) 다이칸야마요. 한 지역만 정하기 어렵지만, 가장 먼저 떠오른 게 다이칸야마였어요. 저는 너무 많은 인파를 꺼리는데, 숨은 카페와 잡화점이 많아서 매력적이에요. 토요코선이 연결되어 있고, 시부야와 가까워서 편리하고요. 나카메구로, 에비스, 시부야에 걸어서 갈 수도 있어요.

(준서) 하타가야요. 작은 동네지만, 카페, 음식점, 레코드숍, 인테리어 소품점 등 제 취향의 다양한 가게들이 모여 있어요. 동네 분위기도 옛날 냄새가 나는 게 마음에 들어서 자주 가는 편이에요. 시부야랑도 가까워서 접근성도 좋고요.

경험들 02

이번 주말의 도쿄
도쿄에 박키나 지음

초판 1쇄 발행 2023년 9월 20일

발행, 편집 파이퍼 프레스
디자인 위앤드

파이퍼
서울시 중구 청계천로 40, 13층
전화 070-7500-6563
이메일 team@piper.so

논픽션 플랫폼 파이퍼
piper.so

ISBN 979-11-979918-2-0 03910